Der Magistrat

Eine Farce in drei Akten

Arthur Wing Pinero

Writat

Diese Ausgabe erschien im Jahr 2023

ISBN: 9789359256672

Herausgegeben von
Writat
E-Mail: info@writat.com

Inhalt

DER ERSTE AKT

Die Szene stellt einen gut ausgestatteten Salon im Haus von MR. POSKET *in Bloomsbury dar.*

BEATIE TOMLINSON, *ein hübsches, einfach gekleidetes kleines Mädchen von etwa sechzehn Jahren, spielt Klavier, als* CIS FARRINGDON, *ein männlicher Jugendlicher in einer Eton-Jacke, den Raum betritt.*

CIS.

Beatie!

BEATIE.

Cis Schatz! Das Abendessen ist doch noch nicht vorbei?

CIS.

Nicht ganz. Ich hatte einen meiner bequemen Kopfschmerzen und bin weg. [*Nimmt einen Apfel und ein paar Kokosnüsse aus seiner Tasche und gibt sie* BEATIE.] Diese sind für dich, mein Lieber, mit meiner Liebe. Ich habe sie heimlich vom Sideboard geholt, als ich herauskam.

BEATIE.

Oh, ich darf sie nicht nehmen!

CIS.

Ja, das dürfen Sie – es ist mein Anteil am Nachtisch. Außerdem ist es eine schreckliche Schande, dass du nicht bei uns rummachst.

BEATIE.

Was, eine arme kleine Musikherrin!

CIS.

Ja. Sie geben Ihnen nur vier Guineen pro Quartal. Stell dir vor, ein Mädchen wie dich für vier Guineen pro Vierteljahr zu bekommen – ein Achtel von dir ist mehr als das wert! Schnappen Sie sich jetzt Ihren Apfel.

[*Zieht eine Zigarette hervor.*

BEATIE.

Beim Abendessen gibt es Gesellschaft, nicht wahr?

[*Sie kaut an ihrem Apfel.*

CIS.

Na ja, wohl kaum. Tante Charlotte ist noch nicht angekommen, also gibt es nur den alten Bullamy .

BEATIE.

Ist der alte Bullamy nicht jemand?

CIS.

Der alte Bullamy – nun ja, er ist nur wie der Gouverneur , ein Polizeirichter am Mulberry Street Police Court.

BEATIE.

Oh, hat jedes Polizeigericht zwei Richter?

CIS.

[*Stolz.*] Alles Gute, habe zwei.

BEATIE.

Streiten sie sich nicht darum, die interessanten Fälle zu bekommen? Ich sollte.

CIS.

Ich weiß nicht, wie sie das hinbekommen – vielleicht werfen sie durcheinander, wer die großen Sensationen hören soll. Es gibt eine Frau Beldam, die manchmal ziemlich langweilig ist; Ich weiß, dass der Chef immer zulässt, dass der alte Bullamy sich um sie kümmert. Aber in der Regel denke ich, dass sie auf freundliche Weise halb und halb miteinander umgehen. [*Zigarette anzünden.*] Wenn der Gouverneur zum Beispiel zum Derby gehen will, überlässt er dem alten Bullamy die Oaks – und so weiter, verstehen Sie?

> [*Er sitzt auf dem Boden, lehnt sich bequem an* BEATIE *und zieht an seiner Zigarette.*

BEATIE.

Oh, sage ich, Cis, wird deine Mama nicht böse sein, wenn sie herausfindet, dass ich nicht nach Hause gegangen bin?

CIS.

Oh, zeig es deinem Schüler. Sagen wir, ich bin sehr rückständig.

BEATIE.

Ich denke, Sie sind – in mancher Hinsicht – extrem vorausschauend. [*In den Apfel beißen und mit vollem Mund sprechen.*] Ich wünschte, ich könnte Sie dazu bringen, Ihre Aufmerksamkeit auf Ihren Musikunterricht zu konzentrieren. Aber ich würde dich nicht in Schwierigkeiten bringen!

CIS.

Keine Angst davor. Mama ist zu stolz auf mich.

BEATIE.

Aber da ist dein Stiefvater.

CIS.

Der liebe alte Gouverneur ! Er ist zu gutmütig, um „Bo!" zu sagen. zu einer Gans. Weißt du, Beatie, ich war in einer Schule in Brighton, als meine Mutter heiratete – ich meine, als sie das zweite Mal heiratete – und der Gouverneur und ich lernten uns erst nach den Flitterwochen kennen.

BEATIE.

Oh, stellen Sie sich vor, Ihr Stiefvater würde blind eine solche Verantwortung übernehmen.

> [*Gibt ihm eine Kokosnuss, die er für sie knacken kann.*

CIS.

Ja, war der Chef nicht weich! Soweit er wusste, hätte ich ein sehr gleichgültiger junger Kerl sein können.

> [*Nachdem er die Nuss mit den Zähnen geknackt hat, gibt er sie ihr zurück.*

BEATIE.

Danke liebe.

CIS.

Nun, als ich hörte, dass der frischgebackene Vater Polizeirichter war, *hatte ich* Angst. Ich sagte mir: „Wenn ich mich nicht um meine Ps und Qs kümmere, wird mir der Gouverneur – aus Gewohnheit – mein gesamtes Taschengeld mit einer Geldstrafe bestrafen." Aber es ist genau das Gegenteil – er ist der sanfteste, sanftmütigste – [*Die Tür öffnet sich plötzlich.*] Achtung! Da kommt jemand !

[*Beide springen auf,* BEATIE *verstreut die Nüsse, die sie auf dem Schoß hat, auf dem Boden.* CIS *wirft seine Zigarette in den Kamin, setzt sich ans Klavier und spielt eine einfache Übung, sehr schlecht.* BEATIE *steht hinter ihm und zählt.*

BEATIE.

Eins – und zwei – und eins – und zwei.

WYKE, *der Butler, erscheint an der Tür und schließt sie auf mysteriöse Weise hinter sich.*

WYKE.

Ssss ! Meister Cis! Meister Cis!

CIS.

Hallo – was ist los, Wyke?

WYKE.

[*Zieht eine Karaffe unter seinem Mantel hervor.*] Der Portwein, den Sie verlangt haben, Sir. Ich konnte es mir vorher nicht entgehen lassen – die alten Herren umarmen Portwein so sehr.

CIS.

Hast du ein Glas?

WYKE.

Jawohl. [*Zieht ein Weinglas aus seiner Tasche und schenkt Wein ein.*] Was nicht vermisst wird , wird nicht betrauert, nicht wahr, Meister Cis?

CIS.

[*Wein anbieten.*] Hier bist du, Beatie, meine Liebe.

BEATIE.

Die Idee so etwas! Ich konnte nicht!

CIS.

Warum nicht?

BEATIE.

Wenn ich nur daran nippen würde , könnte ich Ihnen Ihren Musikunterricht nicht richtig erteilen. Trink es selbst, du lieber, nachdenklicher Junge.

CIS.

Das werde ich nicht — es ist für dich.

BEATIE.

Ich kann es nicht trinken!

CIS.

Du musst.

BEATIE.

Das werde ich nicht!

CIS.

Du bist unangenehm!

BEATIE.

Nicht halb so unangenehm wie du.

[*Sie streiten.*

WYKE.

[*Zu sich selbst, während er sie beobachtet.*] Was für ein junger Herr! und erst vierzehn! Vierzehn — er verhält sich wie vierzig! [CIS *würgt, während er den Wein trinkt;* BEATIE *klopft ihm auf die Schulter.*] Ja, sogar Cook hat alles zu Asche gemacht, seit er im Haus ist, und was Popham betrifft —! [*Sieht, wie sich jemand nähert.*] Passen Sie auf, Meister Cis!

[CIS *kehrt zum Klavier zurück,* BEATIE
zählt wie zuvor. WYKE *tut so, als
würde er die Fenstervorhänge
zurechtrücken und die Karaffe hinter
sich verstecken.*

BEATIE.

Eins und zwei — und eins und zwei — und eins usw.

Auftritt POPHAM, *ein schick aussehendes Dienstmädchen.*

POPHAM.

Wyke, wo ist der Hafen?

WYKE.

[*Leer.*] Hafen?

POPHAM.

Portwein. Frau ist wütend.

WYKE.

Hafen?

POPHAM.

[*Zeigt auf die Karaffe.*] Warum! Dort! Du trägst es mit dir herum!

WYKE.

Warum, das bin ich! Trage es mit mir herum! Zeigt, was für ein scharfes Auge ich auf die Weine des Gouverneurs habe. Trage es mit mir herum! Missus wird amüsiert sein.

[*Geht raus.*

POPHAM.

[*Beäugt* CIS *und* BEATIE.] Da ist wieder dieser Junge bei *ihr !* Luder! Ihre zwei Stunden waren schon lange um. Warum geht sie nicht nach Hause? Meister Cis, ich habe eine Nachricht für Sie.

CIS.

[*Erhebt sich vom Klavier.*] Für mich, Popham?

POPHAM.

Jawohl. [*Leise zu ihm.*] Die Nachricht stammt von einer jungen Dame, die bis letzten Mittwoch alles in allem für Sie da war. Ihr Name ist Emma Popham.

CIS.

[*Ich versuche wegzukommen.*] Oh, geh mit, Popham!

POPHAM.

[*Hält seinen Ärmel.*] Ah, es hieß nicht „Mach mit, Popham", bis das Musikmädchen ins Haus kam. Ich werde mitmachen, aber werfen Sie heute

Nacht einen Blick darauf, bevor Sie schlafen. [*Sie holt aus ihrem Taschentuch ein Stück bedrucktes Papier und reicht es ihm zwischen Finger und Daumen.*] Teil einer Geschichte in „Bow Bells" mit dem Titel „Jilted; oder: Könnte Blut büßen?" Wickeln Sie es in Ihr Taschentuch – es kam um die Butter herum.

[*Sie geht hinaus;* CIS *wirft das Papier in den Rost.*

CIS.

Belästige das Mädchen! Beatie, sie ist eifersüchtig auf dich!

BEATIE.

Ein Stubenmädchen , das eifersüchtig auf *mich war* – und mit einem kleinen Kind von vierzehn Jahren!

CIS.

Ich bin zwar erst vierzehn, aber ich fühle mich wie ein erwachsener Mann! Du bist erst sechzehn – da gibt es keinen großen Unterschied – und wenn du nur auf mich wartest, werde ich dich bald einholen und genauso ein Mann sein wie du eine Frau bist. Wirst du auf mich warten, Beatie?

BEATIE.

Ich kann nicht – ich werde jede Minute älter!

CIS.

Oh, ich wünschte, ich könnte mir von jemandem fünf oder sechs Jahre leihen!

BEATIE.

Manch einer würde sie gerne leihen. [*Liebevoll.*] Und oh, ich wünschte, du könntest!

CIS.

[*Legt seinen Arm um sie.*] Du tust! Warum?

BEATIE.

Weil ich – weil –

CIS.

[*Zuhören.*] Achtung! Hier ist die Materie!

[*Sie rennen zum Klavier, er spielt weiter und sie zählt wie zuvor.*

BEATIE.

Eins und zwei – und eins – und zwei usw.

Betreten Sie AGATHA POSKET, *eine hübsche, auffällige Frau von etwa sechsunddreißig Jahren, die vielleicht jünger aussieht.*

AGATHA POSKET.

Warum, Cis-Kind, schon wieder bei deiner Musik?

CIS.

Ja, Mama, immer dabei. Wenn Sie nicht aufpassen, verderben Sie meinen Geschmack, wenn Sie es forcieren.

AGATHA POSKET.

Wir haben kein Recht, Miss Tomlinson so lange zu behalten.

BEATIE.

Oh, danke, das spielt keine Rolle. Ich – ich – fürchte, wir machen keine – sehr – großen – Fortschritte.

CIS.

[*Zwinkert* BEATIE ZU.] Nun, wenn ich das noch einmal spiele, wirst du mich dann küssen?

BEATIE.

[*Zurückhaltend.*] Ich weiß es nicht, ich bin mir sicher. [*An* AGATHA POSKET.] Darf ich das versprechen, Ma'am?

[*Sitzt in der Fensternische.* CIS *gesellt sich zu ihr und legt seinen Arm um ihre Taille.*

AGATHA POSKET.

Nein, sicher nicht. [*Zu sich selbst, während sie sie beobachtet.*] *Wenn ich* Æneas nur überreden könnte, seinen *Schützling* zu entlassen und einen Musiklehrer einzustellen, würde es mein Gewissen ein wenig beruhigen. Wenn dieses Mädchen die Wahrheit wüsste, wie empört wäre sie! Und dann ist da noch die Ungerechtigkeit gegenüber dem Jungen selbst und gegenüber den Freunden meines Mannes, die immer das streicheln, streicheln und streicheln, was sie „einen feinen kleinen Mann von vierzehn Jahren" nennen! Vierzehn! Oh, was für ein Idiot war ich, das wahre Alter meines Kindes zu verheimlichen! [*Auf die Uhr schauen.*] Charlotte kommt zu spät; Ich wünschte, sie würde kommen. Es wird eine Erleichterung sein, sie mit meinen Problemen zu beunruhigen.

HERR POSKET.

[*Wir reden draußen.*] Wir rauchen im ganzen Haus, Bullamy , im ganzen Haus.

AGATHA POSKET.

Ich werde auf jeden Fall mit Æneas über dieses kleine Mädchen sprechen.

MR. POSKET, EIN SANFTER HERR VON ETWA FÜNFZIG JAHREN, TRITT EIN UND *raucht eine Zigarette, gefolgt von* MR. BULLAMY , *einem dicken, rotgesichtigen Mann mit Bronchialhusten und allgemeiner Heiserkeit.*

HERR POSKET.

Rauch überall, Bullamy – rauch überall.

HERR BULLAMY .

Nicht mit meiner Bronchitis, danke.

HERR POSKET.

[*Strahlt* AGATHA POSKET AN.] Ah, mein Schatz!

HERR BULLAMY .

[*Ziemt eine kleine Schachtel aus seiner Westentasche hervor.*] Alles, was ich nach dem Abendessen zu mir nehme, ist eine Jujube – manchmal auch zwei. [*Bietet die Kiste an.*] Darf ich Mrs. Posket in Versuchung führen?

AGATHA POSKET.

Nein danke. [*Tritt auf eine der Nüsse, die im Raum verstreut sind.*] Wie provozierend – wer bringt Nüsse in den Salon?

HERR POSKET.

Miss Tomlinson ist immer noch hier? [*Zu* BEATIE.] Geh nicht, geh nicht. Ich freue mich, dass Cis seine Musik so mag. Deine Schwester Charlotte ist hinter ihrer Zeit zurück, mein Schatz.

AGATHA POSKET.

Ihr Zug hat Verspätung, nehme ich an.

HERR POSKET.

Sie müssen bleiben und meine Schwägerin Bullamy besuchen .

HERR BULLAMY .

Vergnügen – Vergnügen!

HERR POSKET.

Ich habe sie noch nie getroffen , wir werden unsere ersten Eindrücke teilen. Wird Miss Tomlinson uns in der Zwischenzeit mit ein wenig Musik erfreuen?

HERR BULLAMY .

[*Sie eilt geschäftig zum Klavier.*] *Wenn diese junge Dame* singen will, mag sie vielleicht eine meiner Jujubes.

> [BEATIE *sitzt am Klavier, neben ihr sitzen*
> CIS *und* MR. BULLAMY . MR.
> POSKET *tritt auf eine Nuss, als er zu*
> *seiner Frau geht.*

HERR POSKET.

Meine Güte, wie kommen Verrückte in den Salon? [*Zu* AGATHA.] Woran denkt mein Schatz so tief? [*Tritt auf eine weitere Nuss.*] Ein anderer! Mein Haustier, auf dem Teppich im Wohnzimmer liegen Nüsse!

AGATHA POSKET.

Ja, ich möchte mit dir sprechen, Æneas .

HERR POSKET.

Über die Nüsse?

AGATHA POSKET.

Nein – über Miss Tomlinson – Ihren kleinen *Schützling.*

HERR POSKET.

Ah, nettes kleines Ding.

AGATHA POSKET.

Sehr. Aber nicht alt genug, um entscheidenden Einfluss auf die musikalische Zukunft des Jungen auszuüben. Warum nicht einen Meister engagieren?

HERR POSKET.

Was, für ein einfaches Kind?

AGATHA POSKET.

Ein bloßes Kind – oh!

HERR POSKET.

Ein vierzehnjähriger Junge!

AGATHA POSKET.

[*Zu sich selbst.*] Vierzehn!

HERR POSKET.

Ein vierzehnjähriger Junge, der Czernys Übungen noch nicht hinter sich hat.

AGATHA POSKET.

[*Zu sich selbst.*] Wenn wir jetzt alleine wären, könnte ich verzweifelt sein, ihm alles zu erzählen!

HERR POSKET.

Außerdem, mein Liebling, wissen Sie, wie sehr ich mich für Miss Tomlinson interessiere; Sie ist einer der hellsten Flecken auf meinem Steckenpferd. Wie alle unsere Bediensteten, wie jeder in meinen Diensten, wurde ich durch das unglückliche Medium des Polizeigerichts, dessen Vorsitz meine Bestimmung hat, auf sie aufmerksam gemacht. Unser Diener Wyke, ein Mann mit wunderschönem Wesen, ist der Sohn einer Person, die ich wegen der Heirat mit drei Frauen vor Gericht gestellt habe. Bis heute weiß Wyke nicht, von welcher dieser drei Frauen er der Sohn ist! Cook war einst eine berüchtigte Dipsomane und hat sich bis heute nicht ganz von den frühen Einflüssen befreit. Popham ist die nicht geltend gemachte Anklage eines verurteilten Babyfarmers. Sogar unser Milchmann erschien vor mir als ein Mann, der sich geweigert hatte, dem analytischen Inspektor Proben zu übergeben. Und was ist dieses arme Kind?

AGATHA POSKET.

Ja, ich weiß.

HERR POSKET.

Die Tochter eines pensionierten Generals, der vier Seidenschirme aus den Armee- und Marineläden erbeutete – und das an einem schönen Tag!

[BEATIE *hört auf zu spielen.*

HERR BULLAMY.

Sehr gut sehr gut!

HERR POSKET.

Danke Danke!

HERR BULLAMY.

[*Zu* MR. POSKET, *der hustet und lacht und sich eine Jujube in den Mund steckt.*] Mein lieber Posket, ich muss dir wirklich zu deinem Jungen gratulieren – deinem Stiefsohn. Ein wunderbarer Junge. Auch so verdammt fortgeschritten.

HERR POSKET.

Ja, nicht wahr? Äh!

HERR BULLAMY.

[*Vertraulich.*] Während gerade das Klavier spielte, erzählte er mir eine der humorvollsten Geschichten, die ich je gehört habe. [*Herzlich lachen und keuchen, dann noch eine Jujube nehmen.*] Ha, ha, Gott segne mich, ich weiß nicht, wann ich so viele Jujuben gegessen habe!

HERR POSKET.

Meine liebe Bullamy, meine gesamte Ehe ist der größtmögliche Erfolg. Auch ein bisschen romantisch. [*Zeigt auf* AGATHA POSKET.] Schöne Frau!

HERR BULLAMY.

Sehr, sehr. Ich habe mich nie für ein stilvolleres, eleganteres Geschöpf entschieden.

HERR POSKET.

Danke, Bullamy – wir haben uns im Ausland kennengelernt, in Spa, als ich im Urlaub war.

WYKE *kommt mit einem Teetablett herein, das er herumreicht.*

HERR BULLAMY .

Ich werde nächstes Jahr dorthin gehen.

HERR POSKET.

Ihren ersten Mann verlor sie vor etwa zwölf Monaten in Indien. Er war ein Armeeunternehmer.

BEATIE.

[*Zu* CIS *am Klavier.*] Ich muss jetzt gehen – es gibt keine Entschuldigung, noch länger zu bleiben.

CIS.

[*Zu ihr trostlos.*] Was zum Teufel soll *ich* tun?

HERR POSKET.

[*Milch einschenken.*] Meine Güte, diese Milch scheint sehr dürftig zu sein. Als er starb, kam sie nach England, brachte ihren Jungen in eine Schule in Brighton und zog dann ruhig von Ort zu Ort umher und trank …

[*Nickt Tee.*

HERR BULLAMY .

Trinken?

HERR POSKET.

Das Wasser – sie hat ein wenig Dyspepsie. [WYKE *geht hinaus.*] Wir trafen uns bei den *Tours des Fontaines* – zufällig trat ich auf ihr Kleid – –

BEATIE.

Gute Nacht, Cis, Schatz.

CIS.

Oh!

HERR POSKET.

[*Weiter zu* HERRN BULLAMY .] Ich habe mich entschuldigt . Wir unterhielten uns über das Wetter, tranken aus demselben Glas, stellten fest, dass wir beide unter derselben Krankheit litten, und das Ergebnis war vollkommenes Glück.

[*Er beugt sich galant über* AGATHA POSKET .

AGATHA POSKET.

Æneas !

[Er küsst sie, dann küsst CIS BEATIE laut;
MR. POSKET und MR. BULLAMY
hören beide verwirrt zu.

HERR POSKET.

Echo?

HERR BULLAMY .

Nehmen wir mal an!

[Er küsst versuchsweise seinen Handrücken;
BEATIE küsst CIS.

HERR BULLAMY .

Ja.

HERR POSKET.

Neugierig. [An HERRN BULLAMY .] Romantische Geschichte, nicht wahr?

BEATIE.

Gute Nacht, Frau Posket! Ich werde morgen früh hier sein.

AGATHA POSKET.

Ich fürchte, Sie vernachlässigen Ihre anderen Schüler.

BEATIE.

Oh, sie sind nicht so interessant wie Cis – [korrigiert sich] Meister Farringdon. Gute Nacht.

AGATHA POSKET.

Gute Nacht Schatz.

[BEATIE geht leise hinaus; AGATHA
POSKET schließt sich CIS AN.

HERR POSKET.

[An HERRN BULLAMY .] Wir haben im Ausland geheiratet, ohne Freunde oder Verwandte auf beiden Seiten zu konsultieren. So ist es, ich habe meine Schwägerin, Miss Verrinder, noch nie gesehen, die aus Shropshire kommt, um bei uns zu wohnen – sie sollte – –

WYKE *kommt herein.*

WYKE.

Miss Verrinder ist gekommen, Ma'am.

HERR POSKET.

Hier ist sie.

AGATHA POSKET.

Charlotte?

CHARLOTTE, *ein hübsches Mädchen, kommt herein, gefolgt von* POPHAM *mit Handgepäck.*

AGATHA POSKET.

[*Küsse sie.*] Mein lieber Charley.

[WYKE *geht hinaus.*

CHARLOTTE.

Aggy Liebling, bin ich nicht zu spät! Auf der Linie liegt ein Nebel – man könnte ihn mit einem Messer durchschneiden. [CIS *sehen* .] Ist das dein Junge?

AGATHA POSKET.

Ja.

CHARLOTTE.

Ach du meine Güte! Was macht er in seinem Alter in einer Eton-Jacke?

AGATHA POSKET.

[*Sanft zu* CHARLOTTE.] Still! Sagen Sie noch eine Weile kein Wort über das Alter meines Jungen.

CHARLOTTE.

Oh!

AGATHA POSKET.

[Ich stelle gerade MR. POSKET *vor* .] Da ist mein Mann.

CHARLOTTE.

[*Verwechselt* MR. BULLAMY *mit ihm.*] Oh! Wie konnte sie! [*Zu* MR. BULLAMY UND *dreht ihm ihre Wange zu.*] Ich gratuliere dir – ich schätze, du solltest mich küssen.

AGATHA POSKET.

Nein, nein!

HERR POSKET.

Willkommen in meinem Haus, Miss Verrinder.

CHARLOTTE.

Oh, ich bitte um Verzeihung. Wie geht es dir?

HERR BULLAMY .

[*Zu sich selbst.*] Mrs. Posket ist eine Frau, die sich einmischt.

HERR POSKET.

[*Zeigt auf* MR. BULLAMY .] Herr Bullamy .

> [MR. BULLAMY VERBEUGT SICH
> *gekränkt und steif.*

AGATHA POSKET.

[*Zu* CHARLOTTE.] Komm nach oben, Liebes; Möchtest du etwas Tee trinken?

CHARLOTTE.

Nein danke, Liebling, aber ich hätte gerne ein Glas Sodawasser.

AGATHA POSKET.

Mineralwasser!

CHARLOTTE.

Nun, mein Lieber, du kannst ganz unten schreiben, was dir gefällt.

> [AGATHA POSKET *und* CHARLOTTE
> *gehen hinaus,* POPHAM *folgt.*

POPHAM.

[*Zu* CIS.] Gib mir meine „Bow Bells" zurück, wenn du sie gelesen hast, du Kobold.

[*Geht raus.*

CIS.

Bei Gott, Chef , ist Tante Charlotte nicht ein echter Hingucker?

HERR POSKET.

Scheint eine bezaubernde Frau zu sein.

HERR BULLAMY .

Posket hat das Falsche! Das kommt davon, dass man heiratet, ohne vorher die Verwandten der Dame zu sehen.

CIS.

Kommen Sie, Chef – lassen Sie uns ein Glücksspiel machen – Mr. Bullamy wird sich uns anschließen.

[*Öffnet den Kartentisch, stellt Stühle und Kerzen auf.*

HERR BULLAMY .

Ein Risiko?

HERR POSKET.

Ja – der Junge hat mir ein neues Spiel namens „Feuerwerk" beigebracht; Seine Mutter weiß natürlich nicht, dass wir um Geld spielen, aber wir tun es.

HERR BULLAMY .

Hahaha! Wer gewinnt?

HERR POSKET.

Er tut es jetzt – aber er sagt, ich werde gewinnen, wenn ich das Spiel besser kenne.

HERR BULLAMY .

Was für ein Junge er ist!

HERR POSKET.

Ist er nicht ein wunderbarer Junge? Und auch erst vierzehn. Ich sage dir noch etwas – vielleicht solltest du es seiner Mutter gegenüber besser nicht erwähnen.

HERR BULLAMY .

Nein, nein, ganz bestimmt nicht.

HERR POSKET.

Er hat ein wenig Geld für mich investiert.

HERR BULLAMY .

Was in?

HERR POSKET.

Nicht *im* Einsatz *gegen* Sillikin für das Lincolnshire Handicap . Sillikin gewinnt und Butterscotch eins, zwei, drei.

HERR BULLAMY .

Guter Gott!

HERR POSKET.

Ja, der liebe Junge sagte: „ Mein Gott , es ist nicht fair, dass du mir alle Trinkgelder gibst, ich gebe dir welche" – und er tat es – er gab mir Sillikin und Butterscotch. Wenn Sie möchten, erledigt er das für Sie. „Plank it down", nennt er es.

HERR BULLAMY .

[*Kichern und würgen.*] Ha! Ha! Ho! ho! [*Nimm eine Jujube.*] Dieser Junge wird mich in Jujubes ruinieren.

CIS.

Alles bereit! Sehen Sie scharf aus! Chef , leihen Sie mir für den Anfang einen Sov ?

HERR POSKET.

Ein Sov für den Anfang? [*Sie sitzen am Tisch.* AGATHA POSKET *und* CHARLOTTE *kommen ins Zimmer.*] Wir hätten nicht gedacht, dass du so bald zurückkehren würdest, mein Schatz.

AGATHA POSKET.

Amüsieren Sie sich weiter, beharre ich darauf, aber bringen Sie meinem Cis nicht das Kartenspielen bei.

HERR BULLAMY .

Ho! ho!

HERR POSKET.

[*An* HERRN BULLAMY .] Still! Stille!

AGATHA POSKET.

[*Zu* CHARLOTTE.] Darüber bin ich froh – wir können einander ungestört von unserem Kummer erzählen. Fängst du an?

CHARLOTTE.

Nun, endlich bin ich mit Captain Horace Vale verlobt.

AGATHA POSKET.

Oh! Charley, ich bin so froh!

CHARLOTTE.

Ja – das ist er auch – sagt er. Er machte mir auf dem Jagdball – in der Passage – Dienstagswoche einen Heiratsantrag.

AGATHA POSKET.

Was hat er gesagt?

CHARLOTTE.

Er sagte: „Bei Gott, ich liebe dich schrecklich."

AGATHA POSKET.

Na ja – und was hast du gesagt?

CHARLOTTE.

Oh, ich sagte: „Nun, wenn du so eloquent sein willst, bei Gott, ich kann nicht auffallen." Also haben wir es in der Passage geklärt. Er verbietet das Flirten, bis wir verheiratet sind. Das ist mein Elend. Was ist deins, Aggy?

AGATHA POSKET.

Etwas Schreckliches!

CHARLOTTE.

Kopf hoch, Aggy! Was ist es?

AGATHA POSKET.

Nun, Charley, du weißt, ich habe meinen armen, lieben ersten Ehemann in einem sehr zarten Alter verloren.

CHARLOTTE.

Nun, du warst fünfunddreißig, mein Lieber.

AGATHA POSKET.

'Ja, das ist, was ich meine. Fünfunddreißig ist ein sehr heikles Alter, um sich als Single zu fühlen. Du bist weder das eine noch das andere. Du bist nicht gerade ein Zweijähriger und hast keine Lust, eine Kutsche zu ziehen. Allerdings traf ich Mr. Posket bald in Spa – Gott segne ihn!

CHARLOTTE.

Und Sie haben sich für den Eheeinsatz nominiert. Mr. Farringdons „The Widow", durch Trauer, aus Trauer, zehn Pfund extra.

AGATHA POSKET.

Ja, Charley, und in weniger als einem Monat habe ich den Kurs triumphierend absolviert. Aber, lieber Charley, ich hatte für mein Alter nicht das richtige Gewicht – und das ist mein Problem.

CHARLOTTE.

Oh je!

AGATHA POSKET.

Æneas ' Liebe unterschätzte , nahm ich in einem Moment, der, wie ich hoffe, nicht ungerechtfertigter Eitelkeit war, fünf Jahre von meinem Gesamtwert ab, was mich an meinem Hochzeitsmorgen auf einunddreißig machte.

CHARLOTTE.

Nun, mein Lieber, das haben schon viele fehlgeleitete Frauen vor dir getan.

AGATHA POSKET.

Ja, Charley, aber siehst du nicht die Konsequenzen? Es hat alles rausgeworfen. Da ich jetzt einunddreißig bin und nicht sechsunddreißig, wie ich sein sollte, liegt es auf der Hand, dass ich vor zwanzig Jahren nicht hätte heiraten können, was ja der Fall war. Also musste ich entsprechend schimpfen.

CHARLOTTE.

Ich verstehe, dass Ihre erste Ehe erst vor fünfzehn Jahren stattgefunden hat.

AGATHA POSKET.

Genau.

Na dann, mein Lieber, warum solltest du dir noch mehr Sorgen machen?

Agatha Posket.

Warum, Liebes, verstehst du das nicht? Wenn ich jetzt erst einunddreißig wäre, hätte mein Junge nicht vor neunzehn Jahren geboren werden können, und wenn er könnte, hätte er es auch nicht sein sollen, denn meiner eigenen Aussage nach war ich erst vier Jahre später verheiratet . Jetzt sehen Sie das Ergebnis!

Charlotte.

Das heißt, dass dieser schöne, stämmige junge Herr da drüben erst vierzehn ist.

Agatha Posket.

Genau. Ist es nicht umständlich! und sein Schnurrbart wird von Tag zu Tag sichtbarer.

Charlotte.

Was glaubt der Junge selbst?

Agatha Posket.

Er glaubt seiner Mutter natürlich, wie es sich für einen Jungen gehört. Als umsichtige Frau ließ ich ihn immer im Unklaren über sein Alter – wenn es nötig war. Aber es ist furchtbar hart für das arme Kind, weil seine Ziele, Instinkte und Ambitionen alle seinem Zustand so schrecklich voraus sind. Sein Essen, seine Bücher, seine Vergnügungen passen nicht zu seinem Gaumen, seinem Gehirn und seinem Gemüt; Und bei all diesem Leid hat seine elende Mutter das reuige Bewusstsein, das Leben ihres Sprösslings verkürzt zu haben.

Charlotte.

Oh, komm, das hast du noch nicht ganz getan.

Agatha Posket.

Ja, das habe ich – denn wenn er hundert Jahre alt wird, muss er mit fünfundneunzig Jahren begraben werden.

Charlotte.

Das ist richtig.

AGATHA POSKET.

Dann gibt es noch einen weiteren Aspekt. Er ist ein großer Favorit bei all unseren Freunden – besonders bei Freundinnen. Sogar seine kleine Musiklehrerin und die Dienstmädchen umarmen und küssen ihn, weil er so ein einnehmender Junge ist, und ich kann es nicht verhindern. Aber es ist sehr schrecklich zu sehen, wie diese unschuldigen Frauen einen jungen Mann von neunzehn Jahren streicheln.

CHARLOTTE.

Die Frauen wissen es nicht.

AGATHA POSKET.

Aber sie würden es gerne wissen. Ich meine, sie sollten es wissen! Neulich fand ich meinen armen Jungen auf Lady Jenkins' Schoß sitzend und in der Gegenwart von Sir George. Ich habe kein Recht, Lady Jenkins auf diese Weise zu kompromittieren. Und jetzt, Charley, siehst du den Strudel, in dem ich kämpfe – wenn du mir ein Seil zuwerfen kannst, dann bitte.

CHARLOTTE.

Was für ein Mann ist Mr. Posket, Aggy?

AGATHA POSKET.

Das beste Geschöpf der Welt. Er ist ein praktischer Philanthrop.

CHARLOTTE.

Ähm – er ist auch ein Polizeirichter, nicht wahr?

AGATHA POSKET.

Ja, aber er zahlt die Hälfte der von ihm verhängten Strafen aus eigener Tasche. Aus diesem Grund wurde er vom Innenministerium gerügt, weil er solch leichte Strafen verhängt hatte. Alle unsere Bediensteten haben ihren Abschluss in der Mulberry Street gemacht. Die meisten Bilder im Esszimmer zeigen echte Constables.

CHARLOTTE.

Befolgen Sie meinen Rat – erzählen Sie ihm die ganze Geschichte.

AGATHA POSKET.

Ich wage es nicht!

CHARLOTTE.

Warum?

AGATHA POSKET.

Ich sollte für den Rest meines Ehelebens so in den Hintergrund treten müssen.

[*Die Party am Kartentisch löst sich auf.*

HERR BULLAMY .

[*Mürrisch.*] Nein, danke, keine weitere Minute. [*Zu* HERRN POSKET.] Was nützt es, über Rache zu reden, mein lieber Posket, wenn ich keinen Penny mehr zum Spielen habe?

HERR POSKET.

Ich bin in der gleichen misslichen Lage! Cis wird uns etwas Geld leihen, nicht wahr, Cis?

CIS.

Eher!

HERR BULLAMY .

Nein, danke, dieser Junge ist einer zu viel für mich. So ein Kind habe ich noch nie getroffen. Gute Nacht, Frau Posket. [*Tritt auf eine Nuss.*] Verwirrt die Nüsse!

AGATHA POSKET.

Gehen Sie schon so früh?

CIS.

[*Zu* HERRN POSKET.] Ich hasse einen schlechten Verlierer, nicht wahr, Guv ?

AGATHA POSKET.

Führen Sie Mr. Bullamy die Treppe hinunter, Cis.

HERR BULLAMY .

Gute Nacht, Posket. Oh! Ich habe keinen Schilling mehr für meinen Taxifahrer übrig.

CIS.

Ich bezahle das Taxi.

HERR BULLAMY .

Nein danke! Ich werde gehen. [*Jujube-Box öffnen.*] Bah! Nicht einmal eine Jujube war übrig und das in einer nebligen Nacht! Pfui!

[*Geht raus.*

WYKE *tritt mit vier Buchstaben auf dem Tablett auf.*

CIS.

[*Zu* WYKE.] Irgendwelche für mich?

WYKE.

Eins, Sir.

CIS.

[*Zu sich selbst.*] Von Achille Blond; Zum Glück hat die Mutter es nicht gesehen.

[*Geht raus.*

[WYKE *übergibt Briefe an* AGATHA
POSKET, *die zwei nimmt, dann an*
MR. POSKET, *der einen nimmt.*

AGATHA POSKET.

Das ist für dich, Charley – schon.

[WYKE *geht hinaus.*

CHARLOTTE.

Sparen Sie sich mein Erröten, mein Lieber – es ist von Horace, Captain Vale. Der liebe Kerl wusste, dass ich zu dir kommen würde. Heigho ! Entschuldigen Sie mich?

HERR POSKET.

Sicherlich.

AGATHA POSKET.

Entschuldigen Sie mich, bitte?

CHARLOTTE.

Auf jeden Fall, meine Liebe.

HERR POSKET.

Auf jeden Fall, mein Schatz. Entschuldigen Sie, nicht wahr?

CHARLOTTE.

Oh, sicherlich.

AGATHA POSKET.

Gewiss, Æneas .

> [*Gleichzeitig öffnen alle ihre Briefe, lehnen sich
> zurück und lesen.*

AGATHA POSKET.

[*Lesen.*] Lady Jenkins geht es nicht sehr gut.

CHARLOTTE.

Wenn Captain Horace Vale in diesem Moment vor mir stünde, würde
ich ihm eine Ohrfeige geben!

AGATHA POSKET.

Charlotte!

CHARLOTTE.

[*Lesen.*] „Sehr geehrte Miss Verrinder, – Ihr verzweifelter Flirt mit Major
Bristow beim Treffen am letzten Dienstag, drei Tage nach unserer
Verlobung, ist mir gerade erst zu Ohren gekommen. Ihre Briefe und
Geschenke, einschließlich der Haarnadel mit dem goldenen Kopf, die ich auf
dem Jagdball bekommen habe, werden morgen zurückgegeben. Bei Gott,
alles ist vorbei! Horace Vale." Oh je!

AGATHA POSKET.

Oh, Charley, es tut mir so leid! Sie können es jedoch leugnen.

CHARLOTTE.

[*Weinend.*] Das ist das Schlimmste, ich kann nicht.

HERR POSKET.

[*An* AGATHA POSKET.] Mein Schatz, du wirst begeistert sein. Eine
Notiz von Colonel Lukyn .

AGATHA POSKET.

Lukyn – Lukyn ? Ich scheine den Namen zu kennen.

Ein alter Schulkamerad von mir, der vor vielen Jahren nach Indien ging. Er ist gerade nach Hause gekommen. Ich habe ihn gestern Abend im Club getroffen und ihn gebeten, einen Abend für ein Abendessen mit uns zu nennen. Er akzeptiert für morgen.

AGATHA POSKET.

Lukyn , Lukyn ?

HERR POSKET.

Hören. [*Lesen.*] „Es wird für mich eine besondere Freude sein, da ich glaube, dass ich ein alter Freund Ihrer Frau und ihres ersten Mannes bin. Sie können mich in ihr Gedächtnis zurückrufen, indem Sie sie daran erinnern, dass ich der Kapitän bin Lukyn , die Pate ihres Jungen war, als er in Baroda getauft wurde.“

AGATHA POSKET.

[*Ein lauter Schrei ausstoßend.*] Oh!

HERR POSKET.

Mein Schatz!

AGATHA POSKET.

Ich habe mir den Fuß verdreht.

HERR POSKET.

Wie *kommen* Nüsse ins Wohnzimmer?

CHARLOTTE.

[*Leise zu* AGATHA POSKET.] Aggy?

AGATHA POSKET.

[*Zu* CHARLOTTE.] Der Pate des Jungen.

CHARLOTTE.

Wann wurde das Kind getauft?

AGATHA POSKET.

Einen Monat nach seiner Geburt. Das sind sie immer.

HERR POSKET.

[*Den Brief noch einmal lesen.*] Das ist *sehr* angenehm.

AGATHA POSKET.

[*Zu* HERRN POSKET.] Lass – lass mich den Brief sehen, ich – ich kann die Handschrift erkennen .

HERR POSKET.

[*Gib ihr den Brief.*] Auf jeden Fall, mein Haustier. [*Zu sich selbst.*] Erweckte Erinnerungen an Nummer Eins. Das ist das Schlimmste daran, eine Witwe zu heiraten; Irgendjemand beweist immer ihre früheren Überzeugungen.

AGATHA POSKET.

[*Zu* CHARLOTTE.] "NEIN. 19a, Cork Street!" Charley, zieh deine Sachen an und komm mit mir.

CHARLOTTE.

Agatha, du bist verrückt!

AGATHA POSKET.

Ich werde diesem Mann den Mund halten, bevor er morgen in dieses Haus kommt.

CHARLOTTE.

Warte , *bis* er kommt.

AGATHA POSKET.

's dir , Posket?" hier hereinstolziert. Ich habe Ihre Frau seit dem Jahr 1966 nicht mehr gesehen, mein Gott, Sir!" Nicht ich! Æneas !

HERR POSKET.

Mein Schatz.

AGATHA POSKET.

Lady Jenkins – Adelaide – ist sehr krank; Sie kann aufgrund einer Neuralgie ihren Fuß nicht auf den Boden setzen.

> [*Nimmt den Brief aus ihrer Tasche und gibt ihn ihm.*

HERR POSKET.

Segne mich!

AGATHA POSKET.

Wir kennen uns seit sechs langen Jahren.

HERR POSKET.

Nur sechs Wochen, meine Liebe.

AGATHA POSKET.

Wochen *sind* Jahre in enger Freundschaft. Mein Platz ist an ihrer Seite.

HERR POSKET.

[*Den Brief lesen.*] „Leicht unwohl, bei der Hundeausstellung leicht erkältet. Wo kaufst du deine Taschentücher?" Hier geht es nicht um Neuralgie oder darum, mit dem Fuß auf den Boden zu treten, mein Schatz.

AGATHA POSKET.

Nein, aber kannst du nicht zwischen den Zeilen lesen, Æneas ? Das ist der Brief einer Frau, der es überhaupt nicht gut geht.

HERR POSKET.

Also gut, mein Schatz, wenn du unbedingt gehen willst , werde ich dich begleiten.

AGATHA POSKET.

Sicherlich nicht, Æneas – Charlotte besteht darauf, meine Begleiterin zu sein; In einer geschlossenen Kabine können wir uns gegenseitig wärmen.

HERR POSKET.

Aber kann ich nicht ein Drittel machen?

AGATHA POSKET.

Sei nicht so vergesslich, Æneas – weißt du nicht, dass es in einem vierrädrigen Taxi umso besser ist, je weniger Knie es gibt?

[AGATHA POSKET *und* CHARLOTTE
gehen aus.

CIS *kommt eilig herein.*

CIS.

Was ist los, Chef ?

HERR POSKET.

Deine Mutter und Miss Verrinder gehen aus.

CIS.

Verrückt? Es ist eine schreckliche Nacht.

HERR POSKET.

Ja, aber Lady Jenkins ist krank.

CIS.

Oh! Wird Ma im Testament erwähnt?

HERR POSKET.

Meine Güte, was für ein Junge! Nein, Cis, deine Mutter wird nur an Lady Jenkins' Bett sitzen, ihre Hand halten und ihr sagen, wohin man geht – um Taschentücher zu kaufen.

CIS.

Von Jove! Die Mater kann erst um halb zwölf oder ein Uhr wieder zu Hause sein.

HERR POSKET.

Viel später, wenn der Zustand von Lady Jenkins alarmierend ist.

CIS.

Hurra! [*Er nimmt die Uhr aus* MR. POSKETS *Tasche.*] Gerade halb elf. Greenwich meint, nicht wahr, Chef ?

[*Er hält die Uhr an sein Ohr und zieht* MR.
POSKET *an der Kette zu sich.*

HERR POSKET.

Was für ein außergewöhnlicher Junge!

CIS.

[*Rückkehr der Uhr.*] Danke. Sie müssen von hier nach Campden Hill und wieder zurück. Ich werde Wyke sagen, er soll ihnen das schlechteste Pferd im Rang besorgen.

HERR POSKET.

Mein liebes Kind!

Mindestens eine Dreiviertelstunde Fahrt von hier. Zweimal dreiviertel, eineinhalb Stunden. Eine Stunde mit Lady Jenkins – wenn Frauen zusammenkommen, wissen Sie, Chef , reden sie tatsächlich – das sind zweieinhalb Stunden. Gut. Guv , kommst du mit mir?

HERR POSKET.

Mit dir gehen! Wo?

CIS.

Hotel des Princes, Meek Street. Ein scharfer Hansom schafft es in zehn Minuten.

HERR POSKET.

Meek Street, Hotel des Princes! Kind, weißt du, wovon du redest?

CIS.

Eher. Schauen Sie her, Herr Chef , meine Ehre – kein Blödsinn, wenn ich Ihnen einen Brief zeige.

HERR POSKET.

Ich werde nichts versprechen.

CIS.

Das wirst du nicht! Wissen Sie, Chef , dass Sie eine sehr unkluge Sache tun, um das Selbstvertrauen eines Jungen wie mir zu untergraben?

HERR POSKET.

Cis, mein Junge!

CIS.

Können Sie sich vorstellen, welchen unschätzbaren Nutzen es für einen jungen Menschen hat, immer jemanden an seiner Seite zu haben, jemanden, der älter, weiser und besser gestellt ist als er selbst?

HERR POSKET.

Natürlich, Cis, natürlich *möchte ich* , dass du mein Gefährte bist.

CIS.

Wie zum Teufel kann ich das dann tun, wenn du nicht mit mir zur Meek Street kommst?

HERR POSKET.

Ja, aber deine Mutter betrügen!

CIS.

Die Mutter *zu täuschen* hieße, ihr etwas vorzumachen – eine Sache, die wir hoffentlich beide weit übertreffen.

HERR POSKET.

Guter Junge, guter Junge.

CIS.

Dass wir im Hotel des Princes etwas zu Abend essen werden, zu verheimlichen, ist für meine Mutter eine große Gefälligkeit, denn es würde sie sehr verärgern, von den Umständen zu erfahren . Sie haben sich geirrt, Chef , aber dazu wollen wir nichts mehr sagen. Lies den Brief.

[*Gibt* MR. POSKET *den Brief.*

HERR POSKET.

[*Lesen irgendwie benommen.*] „Hotel des Princes, Meek Street, W. Sehr geehrter Herr, wenn Sie nicht vorbeikommen und Ihre Rückstände begleichen, kann ich Ihr Zimmer wirklich nicht länger für Sie behalten. Mit freundlichen Grüßen Achille Blond. Cecil Farringdon, Esq." Du lieber Himmel! Sie haben ein Zimmer im Hotel das Princes!

CIS.

Ein Zimmer! Es ist kaum besser als ein Hühnerstall.

HERR POSKET.

Sie besetzen es nicht?

CIS.

Aber meine Freunde tun es. Als ich in Brighton war, war ich mit der besten Mannschaft dabei – ich hoffe, dass das auch immer der Fall sein wird. Ich habe Brighton verlassen – ein schönes Loch, in dem ich steckte. Sehen Sie, Herr Chef , ich wollte nicht, dass meine Freunde mit Ihrem Haus freikommen.

HERR POSKET.

Oh, nicht wahr?

CIS.

Also nahm ich ein Zimmer im Hotel des Princes – wenn ich einen Mann unterbringen möchte, geht er dorthin. Sehen Sie, Chef , ich habe mehr an *Sie* als an mich selbst gedacht.

HERR POSKET.

Aber du bist nur ein Kind.

CIS.

Ein Mensch ist genau so alt, wie er sich fühlt. Ich fühle kein Ende eines Mannes. Still, sie kommen runter! Ich mache mich auf den Weg, um Wyke von dem klapprigen Vierrad zu erzählen.

HERR POSKET.

Cis, Cis! Deine Mutter wird herausfinden, dass ich draußen war.

CIS.

Oh, ich habe vergessen, du bist verheiratet, nicht wahr?

HERR POSKET.

Verheiratet!

CIS.

Angenommen, Sie gehen in den Club.

HERR POSKET.

Aber das ist nicht die Wahrheit, mein Herr!

CIS.

Ja, das ist es . Wir werden unterwegs im Club vorbeischauen und du kannst mir einen Bitter geben .

[*Geht raus.*

HERR POSKET.

Meine Güte, was für ein Junge! Hotel des Princes, Meek Street! Was soll ich tun? Sag es seiner Mutter? Es würde ihr Haar grau machen. Wenn ich nur ein leises Wort mit diesem Mr. Achille Blond wechseln könnte, könnte ich alles stoppen. Das ist mein bester Weg, keinen Moment zu verlieren, um das Kind von seiner jungenhaften Indiskretion zu befreien. Ja, ich muss mit Cis zur Meek Street gehen.

AGATHA POSKET *und* CHARLOTTE *betreten elegant gekleidet.*

AGATHA POSKET.

Hast du ein Taxi rufen lassen, Æneas ?

HERR POSKET.

Cis kümmert sich darum.

AGATHA POSKET.

Armer Cis! Wie spät halten wir ihn auf dem Laufenden.

CIS *kommt herein.*

CIS.

Wyke hat sich ein Taxi geholt, meine Liebe.

AGATHA POSKET.

Danke, Cis Liebling.

CIS.

Wenn Sie mich entschuldigen würden, gehe ich in mein Zimmer. Ich habe wieder starke Kopfschmerzen.

AGATHA POSKET.

[*Ihn küssen.*] Lauf mit, mein Junge.

CIS.

Gute Nacht, Mama. Gute Nacht, Tante Charlotte.

CHARLOTTE.

Gute Nacht, Cis.

AGATHA POSKET.

[*Zu sich selbst.*] Ich wünschte, das Taxi würde kommen.

[AGATHA POSKET *und* CHARLOTTE
schauen aus dem Fenster.

CIS.

[*An der Tür.*] Ähm! Gute Nacht, Chef .

HERR POSKET.

Sie haben eine Geschichte erzählt – zwei, Sir! Du sagtest, du gehst in dein Zimmer.

CIS.

So bin ich – um mich anzuziehen.

HERR POSKET.

Sie sagten, Sie hätten bald starke Kopfschmerzen.

CIS.

Das habe ich, Chef . Im Hotel des Princes bekomme ich immer starke Kopfschmerzen.

[*Geht raus.*

HERR POSKET.

Oh, was für ein Junge!

AGATHA POSKET.

[*Zu sich selbst.*] Wann kommt das Taxi?

HERR POSKET.

Hm! Mein Haustier, mir ist der Gedanke gekommen, dass es für mich keine schlechte Idee wäre, in meinen Club zu gehen, während du ausgehst.

AGATHA POSKET.

Der Klub! Du warst letzte Nacht dort.

HERR POSKET.

Ich weiß, mein Schatz. Viele Männer schauen jeden Abend in ihren Clubs vorbei.

AGATHA POSKET.

Ein schönes Beispiel für Cis, wirklich! Ich wünsche mir besonders, dass du heute Nacht zu Hause bleibst, Æneas .

HERR POSKET.

[*Zu sich selbst.*] Oh, mein Gott!

CHARLOTTE.

[*An* AGATHA POSKET.] Warum lässt du ihn nicht in den Club gehen, Agatha?

AGATHA POSKET.

Dort könnte er Colonel Lukyn treffen.

CHARLOTTE.

Wenn Colonel Lukyn da ist, werden wir ihn nicht in der Cork Street finden!

AGATHA POSKET.

Dann folgen wir ihm zum Club.

CHARLOTTE.

Damen gehen nie in einen Club.

AGATHA POSKET.

Solche Dinge sind bekannt.

WYKE *kommt herein.*

WYKE.

[*Grinsend hinter seiner Hand.*] Das Taxi kommt, Ma'am.

AGATHA POSKET.

Kommen? Warum hast du es nicht mitgebracht?

WYKE.

Ich gehe schneller als das Taxi, Ma'am. Es ist ein gutes Pferd, langsam, aber sehr sicher.

AGATHA POSKET.

Wir werden herunterkommen.

WYKE.

[*Zu sich selbst.*] Genau das, was das Pferd getan hat. [*An* AGATHA POSKET.] Ja, gnädige Frau.

[WYKE *geht hinaus.*

AGATHA POSKET.

Gute Nacht, Æneas .

HERR POSKET.

[*Nervös.*] Ich wünschte, du würdest mir erlauben, in den Club zu gehen, mein Haustier.

AGATHA POSKET.

Æneas , ich bin überrascht über deine Hartnäckigkeit. Es ist so ganz anders als bei meinem ersten Mann.

HERR POSKET.

Wirklich, Agatha, ich bin schockiert. Ich gehe davon aus, dass der verstorbene Mr. Farringdon gelegentlich seine Schläger benutzte.

AGATHA POSKET.

Indische Clubs. Indische Clubs sind gut für die Leber, Londoner Clubs nicht. Gute Nacht!

HERR POSKET.

Ich begleite dich zu deinem Taxi, Agatha.

AGATHA POSKET.

Nein danke.

HERR POSKET.

Auf mein Wort!

CHARLOTTE.

[*An* AGATHA POSKET.] Warum nicht?

AGATHA POSKET.

Er würde dem Taxifahrer die Richtung vorgeben wollen!

CHARLOTTE.

Der erste Streit. [*Zu* HERRN POSKET.] Gute Nacht, Herr Posket.

HERR POSKET.

Gute Nacht, Miss Verrinder.

AGATHA POSKET.

[*Zu* HERRN POSKET.] Haben Sie eine Nachricht für Lady Jenkins?

HERR POSKET.

Verwirren Sie Lady Jenkins.

AGATHA POSKET.

Ich werde Ihre Botschaft in Anwesenheit von Sir George überbringen, der, wie ich Sie daran erinnern darf, der ständige Sekretär im Innenministerium ist.

> [AGATHA POSKET *und* CHARLOTTE
> *gehen aus;* MR. POSKET *geht*
> *aufgeregt auf und ab.*

HERR POSKET.

Gurrh ? Ich gehe nicht in den Club! Ich bin Cis ein schlechtes Beispiel gegeben! Ha! Ha! Ich bin anders als ihr erster Ehemann. Ja, das bin ich – ich lebe aus einem Grund. Ich – ich – ich – ich – ich bin am Boden zerstört, wenn ich nicht mit dem Jungen ausgehe.

CIS.

[*Steckt seinen Kopf zur Tür hinein.*] Alles klar, Chef ? In Ordnung.

CIS *tritt auf*, *im modischen Abendkleid, mit* HERRN POSKETS *Mantel und Hut.*

CIS.

Hier sind Ihr Hut und Ihr Mantel.

HERR POSKET.

Wo um alles in der Welt hast du diesen Anzug her?

CIS.

Mama ist das richtige Wort, Chef . Schneider in Brighton – Kredit für sechs Monate. Er hat versprochen, Ihnen die Rechnung zuzusenden, damit der Herr es nicht erfährt. [*Setzt* MR. POSKETS *Hut auf seinen Kopf.*] Bei Gott, Guv , zeigen dich meine Klamotten nicht?

HERR POSKET.

Ich werde nicht gehen, ich werde nicht gehen. So einen Jungen habe ich noch nie getroffen.

CIS.

[*Erlöst, um ihm mit seinem Mantel zu helfen.*] Passen Sie auf sich auf, Chef . Du hast deine Hand in der Tasche. Nein, nein – das ist ein Riss im Futter. Das ist es.

HERR POSKET.

Ich verbiete dir, rauszugehen!

CIS.

Ja, Chef . Und ich verbiete Ihnen, auch nur eine dieser teuflischen Austern zu essen, die wir im Hotel des Princes bekommen. Jetzt hast du recht!

HERR POSKET.

Ich habe nicht recht!

CIS.

Oh, ich habe es vergessen! [*Er holt eine Handvoll loses Geld heraus.*] Ich habe dieses Geld in Ihrem Schreibtisch gefunden, Chef . Nehmen Sie es am besten mit heraus; Vielleicht möchten Sie es. Hier sind Sie – Gold, Silber und Kupfer. [*Er steckt das Geld in* MR. POSKETS *Manteltasche.*] Eine letzte Vorsichtsmaßnahme, und dann geht es los.

[*Geht zum Schreibtisch und schreibt auf ein
halbes Blatt Notizpapier.*

HERR POSKET.

Ich werde eine Runde um den Platz machen und dann wieder nach Hause kommen! Ich lasse mich nicht von einem einfachen Kind beeinflussen! Ein Mann in meiner verantwortungsvollen Position – ein Richter – der schlau im Hotel des Princes in der Meek Street speist – das ist schrecklich.

CIS.

Nun denn – wir schleichen leise nach unten, um Wyke nicht aus seiner Speisekammer zu holen. [MR. POSKET *Papier geben* .] Du hängst das prominent auf, während ich die Kerzen ausblase.

[CIS *bläst die Kerzen auf dem Klavier aus.*

HERR POSKET.

[*Lesen.*] „Ihr Herr und Herr Cecil Farringdon gehen zu Bett. Stören Sie sie nicht.“ Ich werde kein Partner eines schriftlichen Dokuments sein. Das ist unwahr.

CIS.

Nein, das ist es nicht – wir gehen zu Bett, wenn wir nach Hause kommen. Beeilen Sie sich, Chef .

HERR POSKET.

Oh, was für ein Junge.

[*Das Papier an den Vorhang heften.*

CIS.

[*Drehe die Lampe herunter und beobachte* MR. POSKET.] Hallo, Chef ! Hallo! Du bist ein alter Hase in dieser Art von Spiel, oder?

HERR POSKET.

Wie kannst du es wagen!

CIS.

[*Nimmt* MR. POSKETS *Arm.*] Nun, dann atmen Sie nicht.

HERR POSKET.

[*Ziemlich demoralisiert .*] Cis! Cis! Warte eine Minute – warte eine Minute!

CIS.

Warte, Chef . [WYKE *kommt herein.*] Oh, Ärger!

WYKE.

[*Zu* HERRN POSKET.] Ausgehen, Sir?

HERR POSKET.

[*Es fällt mir schwer, mich artikulieren zu können.*] Nein – ja – das heißt – teilweise – halb um den Platz herum und möglicherweise – ähm – wieder zurück. [*Zu* CIS.] Oh, du böser Junge!

WYKE.

[*Geht kühl zur Zeitung über Vorhänge.*] Soll ich das jetzt abnehmen, Sir?

HERR POSKET.

[*Leise zu* CIS.] Ich bin in einer schrecklichen Lage! Was soll ich tun?

CIS.

Tun Sie, was ich tue – geben Sie ihm ein Trinkgeld.

HERR POSKET.

Was!

CIS.

Geben Sie ihm ein Trinkgeld.

HERR POSKET.

Oh ja ja. Wo ist mein Geld?

[CIS *nimmt zwei Münzen aus* MR. POSKETS *Tasche und gibt sie ihm, ohne sie anzusehen.*

CIS.

[*Zu* HERRN POSKET.] Gib ihm das.

HERR POSKET.

Ja.

CIS.

Und sagen Sie : „ Wyke, Sie wollen einen neuen Regenschirm – kaufen Sie einen sehr guten." Deine Herrin hat einen Schlüssel, also geh ins Bett."

HERR POSKET.

Wyke!

WYKE.

Jawohl.

HERR POSKET.

[*Gib ihm Geld.*] Geh ins Bett – kauf dir ein sehr gutes. Deine Herrin hat einen Schlüssel – also – du willst also einen neuen Regenschirm!

WYKE.

Alles klar Sir. Du kannst auf mich zählen. Sind Sie gut eingepackt, Sir? Passen Sie gut auf ihn auf, Meister Cis.

CIS.

[*Unterstützt* HERRN POSKET; MR. POSKET *stöhnte leise.*] Kapital, Guv , Kapital. Bist du hungrig?

HERR POSKET.

Hungrig! Du bist ein böser Junge. Ich habe eine Unwahrheit erzählt.

CIS.

Nein, das haben Sie nicht, Chef — er möchte wirklich einen neuen Regenschirm.

HERR POSKET.

Hat er, Cis? Tut er? Dem Himmel sei Dank!

[*Sie gehen raus.*

WYKE.

[*Blick auf Geld*] Hier! Was, zwei Pence ! [*Wirft angewidert die Münzen weg.*] Ich werde es der Frau sagen.

ENDE DES ERSTEN AKT.

DER ZWEITE AKT

*Die Szene ist ein Abendessenraum im Hotel des Princes, Meek Street, mit zwei Türen –
die eine führt in einen Nebenraum, die andere in einen Durchgang – und einem
Fenster, das auf einen Balkon führt.*

ISIDORE, *ein französischer Kellner, ist in* „CIS *und* MR. POSKET" ZU SEHEN.

CIS.

Komm schon, Chef – komm schon. Wie geht es dir, Isidor?

ISIDOR.

Ich bitte um Verzeihung – mir geht es ganz gut, und dir geht es auch,
verdammt .

CIS.

Ich möchte ein hübsches kleines leichtes Abendessen für mich und
meinen Freund, Mr. Skinner.

ISIDOR.

Herr Skinner.

HERR POSKET.

[*Zu* CIS.] Skinner! Kommt noch jemand ?

CIS.

Nein, nein. Du bist Skinner.

HERR POSKET.

Oh!

[*Wandert durch den Raum.*

CIS.

Herr Skinner, von der Börse. Was hast du vorbereitet?

ISIDOR.

[*Mit einem Unterton zu* CIS.] Ich bitte um Verzeihung – sehr gut – aber
Monsieur Blond sagte zu mir: „Isidore, hören Sie jetzt zu; Wenn Mr.
Farringdon hierher kommt, sagen Sie: „Ich bitte um Verzeihung, Sie sind ein
netter Herr, aber würden Sie Ihre kleine Rechnung bezahlen, wenn es ganz
bequem ist, bevor Sie das Haus sofort verlassen?"

CIS.

Ja, das ist kein Problem. Wie lautet die Rechnung?

ISIDOR.

[*Gibt die Rechnung.*] Wie bitte. Acht Pfund und vier Schilling.

CIS.

Puh! Hier sind meine Gewinne vom alten Bullamy und dem Guv . [*Geld abzählen.*] Zwei Pfund zu wenig. [*Wendet sich an* HERRN POSKET, *der die Kratzer auf den Spiegeln sorgfältig untersucht.*] Skinner! Skinner!

HERR POSKET.

Besucher ritzen offenbar ihre Namen in die Spiegel. Liebe mich! Sicherlich ist dies ein falscher Titel – „ Lottie, Herzogin von Fulham!" Wie sehr neugierig!

CIS.

Skinner, hast du Geld bei dir?

HERR POSKET.

Ja, Cis, mein Junge.

[*Fühlt nach seinem Geld.*

CIS.

Du hast es immer in dieser Tasche, Skinner.

HERR POSKET.

[*Geld abheben.*] Oh ja.

[CIS *nimmt zwei Sovereigns von* MR.
POSKET *und gibt den Betrag seines*
Wechsels an ISIDORE, *der zur*
Anrichte geht, um das Wechselgeld
abzuzählen.

CIS.

Kein Wechselgeld ins Bett legen, Isidore,

HERR POSKET.

Was ist das?

CIS.

Lege das Kleingeld ins Bett! Isidore wird es dir zeigen. [*Zu* ISIDORE, *der mit dem Wechselgeld und der Rechnung auf einem Teller zu ihnen kommt.*] Isidore, zeigen Sie Mr. Skinner, wie Sie Silber ins Bett bringen.

ISIDOR.

Oh, Mr. Farringdon, ich bitte um Verzeihung – nein, nein!

HERR POSKET.

Es wäre höchst lehrreich.

ISIDOR.

Sehr gut. [*Geht zum Tisch, auf den er den Teller stellt.*] Sagen wir, ich muss dir sechzehn Schilling Wechselgeld geben.

HERR POSKET.

Sicherlich.

ISIDOR.

Sehr gut. Bevor ich es Ihnen bringe, schiebe ich eine kleine halbe Krone unter den Schein – also. Dann lege ich den Rest oben auf die Rechnung und sage: „Ich bitte um Verzeihung, Ihr Wechselgeld." Du nimmst es, gibst mir zwei Schilling für mich selbst, und alles ist gut.

HERR POSKET.

[*Er zählt mit der Spitze seiner Brille das Silber auf dem Geldschein.*] Ja, aber nehmen wir an, ich zähle das Silber, es fehlt mir eine halbe Krone!

ISIDOR.

Dann sage ich: „Ich bitte um Verzeihung, wie können Sie es wagen, das zu sagen?" Dann mache ich es. [*Er nimmt den Geldschein vom Teller.*] Dann sage ich: „Der Schein beträgt acht Pfund vier Schilling [*und reiche den Teller*], zähle noch einmal."

HERR POSKET.

Ah, natürlich ist jetzt alles in Ordnung.

ISIDOR.

Sehr gut, dann gibst du mir fünf Schilling dafür, dass ich an mir gezweifelt habe. Tu es; Tu es.

HERR POSKET.

[*Benommen gibt er ihm die fünf Schilling.*] So was?

ISIDOR.

Ja genau so. [*Das Geld in seine Tasche stecken.*] Ich bitte um Verzeihung – danke. [*Gibt* CIS *den Rest des Wechselgeldes.*] Ihr Wechsel, Mr. Farringdon.

CIS.

Oh, sage ich, Isidore.

BLOND, *ein dicker französischer Hotelier mittleren Alters, kommt mit einem Brief in der Hand herein.*

ISIDOR.

Monsieur Blond.

BLOND.

Guten Abend, Herr Farringdon.

ISIDOR.

[*Leise zu* BLOND.] Dem Gesetzentwurf geht es gut.

CIS.

Guten Abend. [*Wir stellen* HERRN POSKET VOR.] Mein Freund, Herr Harvey Skinner, von der Börse.

BLOND.

Ich freue mich sehr, Sie zu sehen. [*Zu* CIS.] Werden Sie sich amüsieren?

CIS.

Eher.

BLOND.

Normalerweise essen Sie in diesem Zimmer, aber es macht Ihnen doch nichts aus, für heute Abend darauf zu verzichten – oder?

CIS.

Oh, Achille!

BLOND.

Komm, komm, um mir zu gefallen. Ein Taxi hat gerade einen Brief von einem meiner alten Kunden gebracht, einem Herrn, den ich seit über zwanzig Jahren nicht gesehen habe, der heute Abend mit einem Freund in diesem Zimmer zu Abend essen möchte. Es ist ganz wahr. [CIS *einen Brief geben* .]

CIS.

[*Liest sich vor.*] „19A, Cork Street. Lieber Blonder, frisch oder vielmehr abgestanden aus Indien, möchte heute Abend mit meinem Freund, Kapitän Vale, an meinem alten Tisch in meinem alten Zimmer zu Abend essen. Muss dies für Auld Lang Syne tun. Mit freundlichen Grüßen, Alexander Lukyn . [*Zu* BLOND.] Oh, lass es ihn haben. Wo werden Sie uns unterbringen?

BLOND.

Du sollst das beste Zimmer im Haus haben, das daneben. Dieses Zimmer – pah ! Komm mit mir. [*Zu* HERRN POSKET.] Kennen Sie Mr. Farringdon schon lange?

HERR POSKET.

Nein, nein. Nicht sehr lang.

BLOND.

Ah, er ist ein feiner Kerl – Mr. Farringdon. Nun, bitte. Sie können durch diese Tür gehen.

[*Rollt das Sofa weg und schließt die Tür auf.*

CIS.

[*Zu* HERRN POSKET.] Sie werden nach ein oder zwei Gläsern Pommery besser aussehen , Chef .

HERR POSKET.

Nein, nein, Cis – jetzt kein Champagner.

CIS.

Kein Champagner, nicht für meinen Freund Harvey Skinner! Kommen Sie, Chef – graben Sie mich in die Rippen – so. [*Gib ihm einen Schlag in die Rippen.*] Chuck!

HERR POSKET.

[*Schrumpft.*] Oh, nicht!

CIS.

Und sag: Hey! Machen Sie weiter, Chef .

HERR POSKET.

Ich kann nicht – ich kann nicht. Ich weiß nicht, was es bedeuten könnte.

CIS.

[*Schiebt ihm wieder in die Rippen.*] Mach weiter – ch-uck !

HERR POSKET.

Was, so? [*Erwiderung der Ausgrabung.*] Chuck .

CIS.

Das ist es, das ist es. Ha, ha! Du machst es, Chef .

HERR POSKET.

Bin ich, Cis? Bin ich? [*Winkt mit dem Arm.*] Hey!

CIS UND MR. POSKET.

Hey!

CIS.

Ha, ha! Aufleuchten! Serviere das Abendessen, Achille.

BLOND.

Ah! Er ist ein großartiger Kerl, Mr. Farringdon. [CIS *und* MR. POSKET *gehen in den anderen Raum.*] [*Zu* ISIDOR.] Ersetzen Sie das *Canapé.*

> [*An der anderen Tür klopft es heftig.* BLOND *folgt* CIS *und* MR. POSKET *in den anderen Raum und schließt dann die Tür von innen ab.*

ISIDOR.

Kommen Sie bitte herein.

COLONEL LUKYN *und* CAPTAIN VALE *betreten den Raum.* LUKYN *ist ein beleibter, grauhaariger, gut aussehender Militärmann;* VALE *hat ein blasses Gesicht und einen schweren Blick, während sein Verhalten träge und niedergeschlagen ist.*

LUKYN .

Das ist der Raum. Komm rein, Vale. Das ist mein alter Speisesaal – ich habe seit über zwanzig Jahren keinen Fuß mehr hierher gesetzt. Bei George, ich hoffe, noch zwanzig weitere hier zu Abend zu essen.

TAL.

[*Niedergeschlagen.*] Tust du? In weniger als diesem Jahr werde ich in Kensal Green sein, es sei denn, ich habe das Glück, in eine fremde Gegend zu geraten.

LUKYN .

[*Sentimental im Raum umherschauend.*] Vor zwanzig Jahren! Verwirren Sie sie , sie haben es gemalt.

TAL.

Meine Leute haben acht Regale in den Katakomben von Kensal Green.

LUKYN .

Unsinn, Mann, Unsinn. Du bist ein wenig niedrig. Kellner, nehmen Sie unsere Mäntel.

TAL.

Kontrolliere mich nicht, Lukyn . Mein Regal ist vier von unten.

LUKYN .

Sie werden die Nummer Ihres Regals vergessen, bevor Sie die Hälfte Ihrer Austern aufgegessen haben.

TAL.

[*Kopfschüttelnd.*] Eine Auster erinnert mich lediglich an meine eigene Muschel.

> [ISIDORE BEGINNT , VALE DEN
> MANTEL *auszuziehen* .

LUKYN .

Ha, ha! Ha, ha!

TAL.

Nicht, Lukyn , nicht. [*Mit leiser Stimme zu* LUKYN .] Es ist sehr gut von dir, aber, bei Gott, mein Herz ist gebrochen. [*Zu* ISIDOR.] Pass auf meine Blume auf, Kellner, verwirre dich.

> [*Er ordnet die Blume in seinem Knopfloch*
> *zurecht.*

Sie haben das Abendessen bestellt, Sir?

LUKYN.

Ja, auf der Rückseite meines Briefes an Herrn Blond. Servieren Sie es sofort.

ISIDOR.

Ich bitte um Verzeihung, Sir.

[*Er geht raus.*

LUKYN.

Du wurdest also von einer Frau schlecht behandelt, nicht wahr, Vale?

TAL.

Schockierend. Zwischen Mann und Mann, eine Miss Verrinder – Charlotte. [*Wendet sich ab.*] Entschuldigung, Lukyn.

[*Zieht ein gefaltetes Seidentaschentuch hervor,
schüttelt es aus und putzt sich sanft die
Nase.*

LUKYN.

[*Zündet sich eine Zigarette an.*] Gewiss – gewiss – ist das eine große Ehre für Sie. Hübsche Frau?

TAL.

Oh, herrlich! Ein prächtiges Gebiss. Alles echt, soweit ich das beurteilen kann.

LUKYN.

NEIN?

TAL.

Tatsache.

LUKYN.

Großer Verlust; – rauche eine Zigarette.

TAL.

[*Nimm den Fall von* LUKYN AUF.] Paraschos ?

LUKYN .

Ja. War sie – ausgewachsen?

TAL.

[*Zündt sich seine Zigarette an.*] Einfach Perfektion. Sie reitet acht Steinen fünfzehn, und ich habe sie verloren, Lukyn . Wunderschöner Tabak.

LUKYN .

Was hat es beendet?

TAL.

Drei Tage nach unserer Verlobung schenkte sie einem Mann ein Paar bearbeitete Hausschuhe.

LUKYN .

NEIN?

TAL.

Tatsache. Erinnern Sie sich an Bristow – Gordon Bristow?

LUKYN .

Perfekt. Bester Kerl der Welt.

TAL.

Er trägt sie.

LUKYN .

Schurke! Beginnen Sie mit einem leichten Wein oder gehen Sie direkt zum Champagner über?

TAL.

Bei Gott, es hat mir das Herz gebrochen, alter Kerl. Ich gehe bitte gleich zum Champagner über. Lukyn , ich werde dich zu meinem Testamentsvollstrecker machen.

LUKYN .

Puh! Du wirst mich überleben! Warum bringen sie nicht das Abendessen mit? Mein Herz ist genauso gebrochen wie deines. Der erste Bruch erfolgte 1955 in Irland. Im Jahr 1961 wurde es erneut in London zerstört, aber 1870 wurde es in Kalkutta von einer verheirateten Dame zerschlagen.

TAL.

Eine verheiratete Dame?

LUKYN.

Ja, meine verstorbene Frau. Sprechen Sie über gebrochene Herzen, mein Junge, wenn Sie Ihre Frau gewonnen haben, nicht wenn Sie sie verloren haben. [*Betritt* ISIDORE *mit einem Tablett mit Abendessen.*] Das Abendessen. [*Zu* VALE.] Hungrig?

TAL.

[*Trauernd.*] Sehr.

BLOND *kommt mit einem Umschlag herein.*

BLOND.

Oberst Lukyn .

LUKYN.

Ah, Blond, wie geht es dir? Kein Tag älter. Was hast du da?

BLOND.

[*Leise mit leiser Stimme zu* LUKYN .] Zwei Damen, Colonel, unten in einem Taxi, müssen Sie für ein paar Minuten allein sehen.

LUKYN.

Ach du meine Güte! Entschuldigung, Vale. [*Nimmt den Umschlag von* BLOND *und öffnet ihn: Er liest die beiliegende Karte.*] Frau Posket – Frau Posket! "Frau. Posket bittet Colonel Lukyn , sie in einer dringenden Angelegenheit fünf Minuten lang ohne Beobachtung zu sehen." Von George! Posket muss krank im Bett liegen – ich fand, dass er letzte Nacht schäbig aussah. [*Zu* BLOND.] Natürlich, natürlich. Sag, ich komme runter.

BLOND.

Es regnet draußen. Ich sollte sie besser fragen.

LUKYN.

Tun – tun. Ich werde Captain Vale bitten, in einen anderen Raum zu gehen. Sei schnell. Sag ihnen , dass ich ganz allein bin.

BLOND.

Ja, Oberst.

[*Beeilt sich.*

CIS.

[*Im Nebenzimmer mit Gläsern klappern und rufen.*] Kellner! Kellner! Kellner-
rr! Wo zum Teufel bist du?

ISIDOR.

Kommt, Sir, kommt. Wie bitte.

[*rennt hinaus.*

LUKYN.

Mein lieber Vale, es tut mir furchtbar leid, dich zu belästigen. Zwei
Damen, darunter die Frau einer sehr alten Freundin, sind mir hierher gefolgt
und wollen ein halbes Dutzend Worte mit mir allein. Ich bin in deinen
Händen – wie kann ich das schaffen?

TAL.

Mein lieber Freund, erwähne es nicht. Lass mich in ein anderes Zimmer
gehen.

LUKYN.

Vielen Dank. Du bist auch so hungrig. Wo ist der Kellner? Verwirren
Sie ihn, er ist weg!

TAL.

In Ordnung. Ich werde hier vorbeischauen.

[*Er geht hinter das Sofa und probiert die Tür,*
die in den anderen Raum führt.

CIS.

[*Innerhalb.*] Was willst du? Wer ist da?

TAL.

Besetzt – egal – ich werde mich irgendwo zurechtfinden.

[*Es klopft;* VALE *weicht zurück.*

BLOND.

[*Ohne.*] Colonel, sind Sie allein? Die Damen.

LUKYN.

Einen Moment. Deuce nimm es, Vale! Die Damen wollen nicht gesehen
werden. Von George – ich erinnere mich. An diesem Fenster gibt es einen

kleinen Balkon; Gehen Sie für ein paar Augenblicke hinaus – schweigen Sie
– ich werde Sie nicht aufhalten – es ist nichts Wichtiges – Ihr Mann muss
einen Anfall gehabt haben oder so etwas.

TAL.

Oh, sicherlich!

LUKYN.

Guter Kerl, hier ist dein Hut.

[*In seiner Eile holt er seinen eigenen Hut.*

BLOND.

[*Draußen klopft es.*] Oberst, Oberst!

LUKYN.

Einen Moment. [*Gibt* VALE SEINEN HUT.] Es tut mir schrecklich leid.
Du bist auch so hungrig. [VALE *setzt den Hut auf, der viel zu groß für ihn ist.*]
Ah, das ist mein Hut.

TAL.

Mein lieber Lukyn – erwähne es nicht.

[*Das Fenster öffnen und hinausgehen.*

LUKYN.

[*Den Vorhang über die Nische ziehen.*] Nur Platz für ihn, um wie ein Mann
in einem Wachhäuschen zu stehen. Komm rein, Blond.

BLONDE *Shows in* AGATHA *und* CHARLOTTE, *beide tragen
Schleier.*

AGATHA POSKET.

[*Aufgeregt.*] Oh, Colonel Lukyn !

LUKYN.

Beten Sie, beruhigen Sie sich, beten Sie, beruhigen Sie sich!

AGATHA POSKET.

Was wirst du denken?

LUKYN.

Dass ich vollkommen verzaubert bin.

AGATHA POSKET.

Danke schön. [*Zeigt auf* CHARLOTTE.] Meine Schwester.

[LUKYN *und* CHARLOTTE *verbeugen sich.*

LUKYN .

Platz nehmen. Blond? [*Sanft zu ihm.*] Halten Sie den Kellner draußen, bis ich klingele – das ist alles.

[*Man hört das laute Prasseln des Regens.*

BLOND.

Ja, Oberst.

LUKYN .

Meine Güte, Blond! Was ist das?

BLOND.

Der Regen draußen. Es sind Katzen und Hunde.

LUKYN .

[*Entsetzt.*] Von George, oder? [*Zu sich selbst, zum Fenster blickend.*] Armer Teufel! [*Zu* BLOND.] Es gibt doch keine Möglichkeit, diesen Balkon zu verlassen, oder?

BLOND.

Nein – es sei denn, man macht sich daran.

LUKYN .

Wie meinst du das?

BLOND.

Es ist überhaupt nicht sicher. Benutze es nicht.

[LUKYN *steht entsetzt da;* BLOND *geht aus.*
Es ist starker Regen zu hören.

LUKYN .

[*Nach einigen nervösen Blicken zum Fenster wischt er sich den Schweiß von der Stirn.*] Ich fühle mich durch diesen Besuch geehrt , Frau Posket – obwohl ich es mir für einen Moment nicht vorstellen kann –

AGATHA POSKET.

Oberst Lukyn , wir sind zur Cork Street zu Ihrer Unterkunft gefahren, und dort hat uns Ihr Diener erzählt, dass Sie mit einem Freund im Hotel des Princes zu Abend gegessen haben. Während wir hier sind, wird niemand in diesen Raum geführt?

LUKYN .

Nein – wir – ah – sollen nicht gestört werden. [*Zu sich selbst.*] Mein Gott, angenommen, ich sehe ihn nie wieder lebend!

AGATHA POSKET.

[*Erschöpft seufzend.*] Ah!

LUKYN .

Ich fürchte, Sie sind gekommen, um mir zu sagen, dass Posket krank ist.

AGATHA POSKET.

Ich – nein – mein Mann ist zu Hause.

[*Ein heftiger Windstoß ist mit dem Regen zu hören.*

LUKYN .

Herr, vergib mir! Ich habe ihn getötet.

AGATHA POSKET.

[*Mit Entsetzen.*] Oberst Lukyn !

LUKYN .

Gnädige Frau!

AGATHA POSKET.

Tatsächlich ist Mr. Posket zu Hause.

LUKYN .

[*Blick zum Fenster.*] Ist er? Ich wünschte, wir wären es alle.

AGATHA POSKET.

[*Zu sich selbst.*] Sonnenstich offensichtlich. Armer Kerl! [*Zu* LUKYN *.*] Ich versichere Ihnen, mein Mann ist ganz wohl zu Hause und schläft inzwischen tief und fest.

[Man hört CIS *und* MR. POSKET *im Nebenzimmer lachen.*

ISIDOR.

[*Innerhalb.*] Sie sind zwei lustige Herren, ich bitte um Verzeihung.

AGATHA POSKET.

[*Erschrocken.*] Was ist das?

LUKYN .

Im nächsten Raum. [*Klopft an die Tür.*] Still – still, still!

CHARLOTTE.

Bring es hinter dich, Aggy, und lass uns nach Hause gehen. Ich habe so schrecklichen Hunger.

LUKYN .

[*Späht durch die Vorhänge.*] Es trägt ihn immer noch. Wie schwer ist er? Sicherlich kann er nicht mehr als zehn Steine erklimmen. Herr, wie nass er ist!

AGATHA POSKET.

Oberst Lukyn !

LUKYN .

[*Verlässt abrupt das Fenster.*] Frau, befehlen Sie mir!

AGATHA POSKET.

Colonel Lukyn , wir kannten uns vor zwanzig Jahren in Baroda.

LUKYN .

Wenn ich dich ansehe, unmöglich.

AGATHA POSKET.

Ah, dann darfst du mich nicht ansehen.

LUKYN .

Ebenso unmöglich.

CHARLOTTE.

[*Zu sich selbst.*] Oh, ich fühle mich völlig außer Fassung.

AGATHA POSKET.

Du warst bei der Taufe meines kleinen Jungen.

LUKYN .

[*Abwesend.*] Ja – ja – sicherlich.

AGATHA POSKET.

Du erinnerst dich, was für ein netter kleiner Kerl er war.

LUKYN .

[*Nachdenklich.*] Kein Pfund über zehn Stein.

AGATHA POSKET.

Oberst Lukyn !

LUKYN .

Ich bitte um Verzeihung, ja – ich war bei der Taufe Ihres Jungen.

AGATHA POSKET.

[*Zu sich selbst.*] Einer der schlimmsten Fälle von Sonnenstich, die ich je erlebt habe.

LUKYN .

Ich erinnere mich sehr gut an das Kind. Hat er immer noch diesen absurden Becher?

AGATHA POSKET.

Oberst Lukyn !

LUKYN .

Gnädige Frau!

AGATHA POSKET.

Mein Kind ist und war immer – perfekt.

LUKYN .

Du missverstehst mich! Ich war sein Pate; Ich gab ihm einen silbernen Becher.

AGATHA POSKET.

Oh, entschuldigen Sie bitte. Wie bin ich auf einen so vulgären Ausdruck gekommen? Ich weiß nicht, woher ich meinen Slang habe. Es muss durch Herumlungern an Schaufenstern geschehen sein. Oh oh oh!

LUKYN.

Bitte, fassen Sie sich zusammen. Ich werde dich für einen Moment verlassen.

[*Gehe zum Fenster.*

AGATHA POSKET.

[*Zu* CHARLOTTE.] Wie soll ich anfangen, Charley?

CHARLOTTE.

Machen Sie einen mutigen Sprung, tun Sie es! Der Geruch des Kochens hier ist für eine hungrige Frau wahnsinnig.

[VALE *öffnet sanft das Fenster und kommt in die Nische, bleibt aber vom Vorhang verdeckt.*

TAL.

[*Zu sich selbst.*] Das ist schade von Lukyn ! Ich bin bis auf die Haut nass und fürchterlich hungrig! Wer zum Teufel sind diese Frauen?

AGATHA POSKET.

Oberst Lukyn !

LUKYN.

Gnädige Frau. [*Zuhören.*] Noch kein Absturz.

AGATHA POSKET.

[*Sie legt impulsiv ihre Hand auf seinen Arm.*] Freund seit zwanzig Jahren! Ich werde ganz offen zu Ihnen sein. Wirst du morgen bei uns essen?

LUKYN.

Frau, ich werde Ihre Offenheit würdig erwidern. Ich bin.

AGATHA POSKET.

Mein Mann weiß, dass Sie mit den Umständen meiner ersten Ehe vertraut sind. Ich weiß, was Männer sind. Wenn die Frauen den Esstisch verlassen, werden die Männer rückblickend. Nun, morgen Abend, beim Nachtisch, bitte ich Sie, meinem Mann keine Dates zu geben.

LUKYN .

Äh?

AGATHA POSKET.

Halten Sie alles wie Datteln von ihm fern.

LUKYN .

Darf man kein Steinobst essen?

AGATHA POSKET.

Nein, ich meine Jahre, Monate, Tage, Daten im Zusammenhang mit meiner Ehe mit Mr. Farringdon.

LUKYN .

Meine Güte, heikles Thema!

AGATHA POSKET.

Ich werde Ihnen gegenüber mehr als offen sein. Mein jetziger Ehemann, der in Erfüllung seiner öffentlichen Pflichten einen sehr kurzen Urlaub hatte, umwarb mich nur drei Wochen lang; Sie, die Sie in Ihrer Zeit den Hof gemacht und geheiratet haben, wissen, aus welchem Material diese glückliche Zeit besteht. Die Zukunft ist für den Mann allumfassend; die Geschenke — ich meine das Geschenk, ein freudiger Traum für die Frau. Aber bei der Bewältigung meiner Vergangenheit stieß ich auf mehr als gewöhnliche Schwierigkeiten.

LUKYN .

Ich verstehe nicht, warum — der verstorbene Ehemann ist eines natürlichen Todes gestorben — nicht auf einem Balkon oder so etwas gestanden hat.

AGATHA POSKET.

Colonel Lukyn , wissen Sie, ich war zum Zeitpunkt meiner letzten Hochzeit sechsunddreißig!

LUKYN .

Du überrascht mich!

AGATHA POSKET.

Du weißt es! Seien Sie ehrlich, Lukyn ! Bin ich nicht sechsunddreißig?

LUKYN .

Du bist.

AGATHA POSKET.

Sehr gut, dann. Wie konnte ich in einem dreiwöchigen Engagement die verschiedenen Episoden von sechsunddreißig Jahren verarbeiten? Die Vergangenheit mag angenehm, golden und schön sein – aber man hat vielleicht zu viel des Guten.

LUKYN .

[*Zu sich selbst.*] Ich bin jetzt in dieser Position.

AGATHA POSKET.

Der Mann, der mich umwarb, suchte Entspannung von der Erfüllung vielfältiger Pflichten. Wie könnte ich eine bereits ermüdete Aufmerksamkeit mit der Aufzählung der Ereignisse von sechsunddreißig Jahren beanspruchen?

LUKYN .

Was hast du gemacht?

AGATHA POSKET.

Aus Rücksicht auf den Mann, den ich liebte, opferte ich fünf Jahre glücklicher Mädchenzeit – sagte ihm, ich sei erst einunddreißig –, dass ich erst fünfzehn Jahre zuvor verheiratet gewesen sei – dass mein Junge erst vierzehn sei!

LUKYN .

Bei George, meine Dame, und soll ich das alles unterschreiben?

AGATHA POSKET.

Ich bitte Sie nur, die Frage nach den Daten zu vermeiden.

LUKYN .

Aber am Esstisch eines Mannes –

AGATHA POSKET.

Sie müssen einem Mann nicht das Abendessen verderben. Nicht nur das eines Mannes, sondern auch das einer Frau ! Lukyn , Lukyn ! Versprechen!

LUKYN .

Gib mir eine Sekunde zum Nachdenken.

> [LUKYN *wendet sich ab und entdeckt, dass* CHARLOTTE DABEI *ist, die Deckel vom Geschirr zu nehmen und den Inhalt zu inspizieren.*

LUKYN .

Ah, teuflische Austern!

CHARLOTTE.

Oh!

> [*Lässt krachend den Geschirrdeckel fallen, rennt zum Tisch und spricht mit* AGATHA POSKET.

LUKYN .

Gehen Sie nicht hin – sehen Sie sie sich bitte noch einmal an – ich wünschte, ich könnte Sie überreden, sie zu probieren. Was soll ich tun? Soll ich es versprechen? Armer Posket! Wenn ich es nicht verspreche, wird sie weinen und nicht nach Hause gehen. Die Austern sind fast kalt – kalt! Was muss *er* sein! [Er zieht den Vorhang beiseite, sieht VALE *nicht und taumelt zurück.*] Weg – und ohne einen Schrei – tapferer Kerl, tapferer Kerl!

AGATHA POSKET.

Oberst Lukyn .

LUKYN .

Verfall der Ausdauer der Armee – pah ! Die jungen Leute sind unserer besten Tage würdig.

AGATHA POSKET.

Colonel Lukyn , versprechen Sie es?

LUKYN .

Versprechen? Alles, meine liebe Frau, alles.

AGATHA POSKET.

Ah, Danke! Darf ich Sie bitten, uns zu unserem Taxi zu begleiten?

LUKYN .

Sicherlich! Dem Himmel sei Dank, sie gehen!

AGATHA POSKET.

[*Zu* CHARLOTTE.] Es ist alles in Ordnung; mitkommen!

CHARLOTTE.

[*An* AGATHA POSKET.] Oh, diese Austern sehen so schön aus.

LUKYN .

[*Zu sich selbst.*] Stoppen! In meiner Not vergesse ich sogar die üblichste Höflichkeit gegenüber diesen Damen. [*An* AGATHA POSKET.] Du hast eine lange Reise vor dir. Ich bin mir sicher, dass Ihr Mann es mir nicht verzeihen würde, dass Sie einem solchen Wetter unvorbereitet gegenüberstehen. Lassen Sie mich ein oder zwei Austern und einen Fingerhut Champagner empfehlen.

AGATHA POSKET.

Nein, danke, Colonel Lukyn .

CHARLOTTE.

[*An* AGATHA POSKET.] Sag ja. Ich bin am Verhungern.

LUKYN .

Wie du magst. [*Zu sich selbst.*] Ich wusste, dass sie sich weigern würden. Ich habe meine Pflicht getan.

CHARLOTTE.

[*An* AGATHA POSKET.] Ich war bis sieben Uhr im Zug. Warten Sie, bis Sie ein *echter Gläubiger sind* Reisender – akzeptieren.

AGATHA POSKET.

Hm! Oberst, Tatsache ist, dass meine arme Schwester den ganzen Tag unterwegs war und etwas erschöpft ist.

LUKYN .

[*Entsetzt.*] Du willst nicht sagen, dass du mir das unschätzbare Vergnügen bereiten wirst. [CHARLOTTE *schaut zu ihm herüber, nickt und lächelt.*] Es freut mich.

> [CHARLOTTE *sitzt hungrig am Tisch;* LUKYN *holt eine Flasche Champagner vom Sideboard.*

AGATHA POSKET.

[*Zu* CHARLOTTE.] Charlotte, ich bin überrascht.

CHARLOTTE.

[*An* AGATHA POSKET.] Unsinn, die besten Leute kommen hierher. Einige von ihnen haben ihre Namen auf den Spiegeln hinterlassen.

TAL.

[*Hinter dem Vorhang.*] Das ist viel zu schade von Lukyn . Was machen sie gerade? [LUKYN *zieht den Korken.*] Verdammt, sie essen mein Abendessen!

> [LUKYN *schenkt Wein ein.*

CHARLOTTE.

Warum gibt er mir nichts zu essen?

> [*Aus dem anderen Raum ist ein Klappern von Messern und Gabeln zu hören, dann bricht* CIS IN GELÄCHTER AUS.

AGATHA POSKET.

[*Beginnt.*] Charley, horch! Wie merkwürdig!

CHARLOTTE.

Sehr. Dieses Brot ist wunderschön.

> [Man hört CIS *ausgelassen den Refrain eines komischen Liedes singen.*

AGATHA POSKET.

Erkennen Sie diese Stimme nicht ?

CHARLOTTE.

[*Maut.*] Die einzige Stimme, die ich erkenne, ist die Stimme des Hungers.

AGATHA POSKET.

Ich bin wohl überfordert.

> [LUKYN *holt mit gesenktem Kopf die Schüssel*
> *mit Austern von der Anrichte .*

TAL.

[*Hinter den Vorhängen.*] Er hat die Austern genommen. Ich habe gesehen, wie er es tat.

LUKYN .

Die Austern.

> [LUKYN *lässt sich in seinen Stuhl am Tisch*
> *sinken und stützt seinen Kopf auf seine*
> *Hand; Die beiden Frauen schauen*
> *sich an.*

CHARLOTTE.

[*An* AGATHA POSKET.] Stimmt etwas nicht?

AGATHA POSKET.

Sonnenstich – schlimmer Fall!

CHARLOTTE.

Oh – armer Kerl. [*Sie hebt vorsichtig die Ecke der Schüssel an, schnüffelt und deckt sie dann wieder zu.*] Keine Teller.

AGATHA POSKET.

Fragen Sie nach ihnen.

CHARLOTTE.

Du fragst.

AGATHA POSKET.

Du bist hungrig.

CHARLOTTE.

Du bist verheiratet. Kommt besser von dir.

TAL.

[*Hinter Vorhängen.*] Diese Stille ist schrecklich.

AGATHA POSKET.

[*Zu* LUKYN .] Ähm! Hm!

LUKYN .

[*Plötzlich aufblicken.*] Äh?

AGATHA POSKET.

Es gibt keine Teller.

LUKYN .

Keine Teller? Keine Teller? Es ist meine Schuld. Entschuldigung. Wo sind die Teller?

> [VALE, *immer noch unsichtbar, streckt seine Hand durch den Vorhang, nimmt die Teller und präsentiert sie* LUKYN , *der zurückschreckt.*

TAL.

[*Flüsternd.*] Hier sind die Teller. Schau gut aus, Lukyn .

LUKYN .

Tal! gesund und munter! [*Er nimmt die Teller und ergreift dann* VALES *ausgestreckte Hand.*] Gott segne dich, alter Kerl. Ich bin wieder ich selbst. [*Geht fröhlich mit den Tellern zum Tisch.*] Meine lieben Damen, ich werde rot – ich werde wirklich rot – ich bin der schlechteste Gastgeber der Welt.

TAL.

[*Zu sich selbst.*] Bei Gott, das ist wahr.

AGATHA POSKET.

Überhaupt nicht – überhaupt nicht.

LUKYN .

[*Den Damen helfen.*] Ich werde es wieder gut machen, bei George! Ihnen ist vielleicht aufgefallen, dass ich völlig verstimmt war. Das ist mein Temperament – mal hoch, mal runter. Ich bin gerade abgebogen, ha, ha! Austern.

[*Übergibt den Teller an* AGATHA POSKET.

AGATHA POSKET.

Danke schön.

LUKYN.

Ah! Ich habe in diesem Raum schon so manche glückliche Stunde verbracht. Die Gegenwart ist nicht im geringsten erfreulich.

CHARLOTTE.

[*Versucht, seine Aufmerksamkeit zu erregen.*] Ähm! Hm!

LUKYN.

[*An die Decke blickend.*] Mein erster Besuch im Hotel des Princes war in diesem Jahr – dem Jahr – lassen Sie mich nachdenken.

CHARLOTTE.

[*Flüstert* AGATHA POSKET ZU.] Wird er mir nicht helfen?

LUKYN.

War es im Jahr 1955?

AGATHA POSKET.

[*Reicht ihren Teller schnell an* CHARLOTTE WEITER.] Ich bin nicht hungrig.

CHARLOTTE.

Du bist ein Schatz.

LUKYN.

[*Nachdrücklich.*] Es *war* im Jahr 1955. Ich bin wieder vergesslich – entschuldigen Sie. [Er reicht CHARLOTTE *einen Teller mit Austern und ist überrascht, dass sie kräftig isst.*] Naja, ich dachte ich – [*Zu* AGATHA POSKET.] Meine liebe Frau, tausend Entschuldigungen. [*Er hilft ihr und dann sich selbst.*] Pah! Sie sind kalt – eisig – man könnte darauf Schlittschuh laufen. Da drüben gibt es eine Schüssel mit etwas anderem.

> [*Er geht zur Anrichte;* VALES *Hand wird erneut mit der anderen abgedeckten Schüssel ausgestreckt.*

TAL.

Ich sage, Lukyn.

LUKYN .

[*Nimmt die Schüssel.*] Danke, alter Kerl. [*Er kehrt zum Tisch zurück und hebt die Decke hoch.*] Sohlen – sie sehen verlockend aus. Wenn da nur ein paar Zitronen wären! Sicherlich sind sie nicht so brutal, dass sie die Zitronen vergessen haben. Wo sind sie? [*Er kehrt zum Sideboard zurück.*] Wo sind sie? [*Mit leiser Stimme zu* VALE.] Hast du Zitronen gesehen?

AGATHA POSKET.

Beten Sie, denken Sie weniger an uns, Colonel Lukyn . Lassen Sie mich um Sie kümmern.

LUKYN .

Sie sind sehr lieb. Ich wünschte, du würdest mich um ein paar Zitronen bitten.

> [VALES *Hand kommt wie zuvor hinter dem Vorhang zur Anrichte, findet die Schüssel mit Zitronen und hält sie auf Armeslänge hin.*]

TAL.

[*Flüsternd.*] Zitronen.

> [AGATHA POSKET *hilft* LUKYN , *als* CHARLOTTE SICH PLÖTZLICH *mit der Gabel in der Luft mit offenem Mund zurücklehnt und wild auf* VALES *Arm starrt, den sie mit der Schüssel ausgestreckt hat.*

CHARLOTTE.

[*Entsetzt.*] Agatha! Agatha!

AGATHA POSKET.

Charlotte! Was ist los, Charley?

CHARLOTTE.

Agatha!

AGATHA POSKET.

Du bist krank, Charlotte! Du erstickst doch sicher nicht?

CHARLOTTE.

[*Zeigt auf die Vorhänge.*] Sieh an!

[*Sie schreien beide.*

LUKYN .

Seien Sie nicht beunruhigt – ich –

CHARLOTTE . }

Was ist das? }

[*Zusammen.*]

AGATHA POSKET . }

Wer ist er? }

LUKYN .

Ich kann erklären. Verurteilen Sie nicht, bis Sie es gehört haben. Ich –
ich – – Verdammt, Sir, legen Sie diese Zitronen weg!

CHARLOTTE.

Er nennt ihn „Sir" – es muss ein Mann sein.

LUKYN .

Es ist ein Mann. Ich bin nicht in der Lage, das zu leugnen.

AGATHA POSKET.

Wirklich, Colonel Lukyn !

LUKYN .

Es ist mein Freund. Er – er – er wartet nur auf sein Abendessen.

AGATHA POSKET.

Dein Freund. [*Zu* CHARLOTTE.] Komm nach Hause, Liebes.

LUKYN .

Hören Sie, hören Sie mich! Um die Peinlichkeit zu vermeiden, einem
Fremden zu begegnen, zog er sich auf den Balkon zurück.

AGATHA POSKET.

Auf den Balkon? Sie haben zwei vertrauensvolle Frauen schändlich
kompromittiert, Colonel Lukyn .

LUKYN.

Ich hätte lieber mein Leben hingegeben, als es zu tun. Ich habe das Leben meines Freundes hingegeben.

AGATHA POSKET.

Er hat jedes vertrauliche Wort belauscht, das ich mit Ihnen gesprochen habe.

LUKYN.

Hören Sie seine Erklärung. Warum zum Teufel bestätigen Sie mir nicht, Sir?

TAL.

[*Hinter dem Vorhang.*] Gewiss, ich versichere Ihnen, dass ich so gut wie nichts gehört habe.

CHARLOTTE.

[*Ergreift* AGATHA POSKETS *Arm.*] Oh, Agatha!

TAL.

Ich kam erst rein, als ich extrem nass war.

LUKYN.

[*An* AGATHA POSKET.] Du hörst das?

TAL.

Und als ich hereinkam –

CHARLOTTE.

[*Hysterisch.*] Horaz!

TAL.

Wie bitte.

CHARLOTTE.

Es ist Horace, Captain Vale.

TAL.

[*Kommt hinter dem Vorhang hervor und sieht furchtbar nass aus.*] Charlotte – Miss Verrinder.

CHARLOTTE.

Was machst du hier? Was für ein Schrecken du aussiehst.

TAL.

Was mache ich hier, Miss Verrinder? Wirklich, Lukyn , dein Verhalten
bedarf einer kleinen Erklärung.

LUKYN .

Mein Verhalten, Sir?

TAL.

Du erfindest irgendeinen dürftigen Vorwand, um mich in den Regen zu
schicken, während du eine Dame bewirtest, von der du weißt, dass sie mir
erst kürzlich das Herz gebrochen hat.

LUKYN .

Ich wusste nichts dergleichen.

TAL.

Ich habe es Ihnen gesagt, Colonel Lukyn – das ist nicht das Verhalten
eines Offiziers und eines Gentlemans.

LUKYN .

Wem gehört das nicht, deinem oder meinem?

TAL.

Meins. Ich meine deine.

LUKYN .

Sie befinden sich in der Gegenwart von Damen, Sir; Nimm meinen Hut
ab.

TAL.

Wie bitte. Ich wusste nicht, dass ich es anhatte.

> [*Er wirft den Hut weg und die beiden Männer*
> *wechseln wütende Worte.*

CHARLOTTE.

Er ist ein sehr gutaussehender Kerl; Man sieht keinen Mann von seiner
besten Seite, wenn er durchnässt ist.

AGATHA POSKET.

[*Zu* LUKYN .] Colonel Lukyn , haben Sie jemals vor, ein Taxi rufen zu lassen?

LUKYN .

Auf jeden Fall, meine Dame.

TAL.

Einen Moment. Ich habe eine persönliche Erklärung, die ich mit Miss Verrinder austauschen möchte.

CHARLOTTE.

[*An* AGATHA POSKET.] Die Hausschuhe. [*Zu* VALE.] Ich bin bereit, Captain Vale.

TAL.

Danke schön. Colonel Lukyn , würden Sie mir den Gefallen tun, indem Sie auf den Balkon treten?

LUKYN .

Sicherlich nicht, Sir.

TAL.

Sie haben Angst vor der Nässe, Colonel Lukyn ; Du bist kein Soldat.

LUKYN .

Sie wissen es besser, Sir. Tatsächlich kann dieser Balkon einen Mann wie mich nicht ertragen.

TAL.

Das zeigt, dass es bei unbelebten Objekten sehr viel gesunden Menschenverstand gibt, Sir.

LUKYN .

Sie beweisen es nicht in Ihrem eigenen Fall, Captain Vale.

TAL.

Das ist ein verbaler Streit, Sir.

[*Sie reden wütend.*

AGATHA POSKET.

[*Zu* CHARLOTTE.] Es ist furchtbar spät. Sagen Sie ihm, er soll Ihnen schreiben.

CHARLOTTE.

Ich muss heute Abend mit ihm sprechen; Das Leben ist zu kurz für Briefe.

AGATHA POSKET.

Dann kann er telegrafieren.

CHARLOTTE.

Einen halben Penny pro Wort und er hat nichts als seinen Lohn.

AGATHA POSKET.

Also gut, Lady Jenkins hat ein Telefon. Ich werde dich morgen zum Tee dorthin mitnehmen. Wenn er dich liebt, sag ihm, er soll 1338091 anrufen.

CHARLOTTE.

Du nachdenklicher Engel!

LUKYN .

Mrs. Posket – Miss Verrinder – ähem – wir –

TAL.

Colonel Lukyn und ich –

LUKYN .

Captain Vale und ich befürchten, dass wir in einem Moment verraten wurden –

TAL.

Natürliche Reizung.

LUKYN .

Natürliche Irritation, in die grausame Unangemessenheit unterschiedlicher –

TAL.

Vor den Damen.

LUKYN.

Charmante Damen——

TAL.

Wir bitten um Verzeihung – Lukyn !

LUKYN.

Tal. [*Sie fassen sich an den Händen.*] Frau Posket, ich gehe jetzt raus, um ein Taxi zu rufen.

AGATHA POSKET.

Bitte tun Sie es.

LUKYN.

Miss Verrinder, der Vorgang wird fünf Minuten dauern.

TAL.

[*Gibt* LUKYN SEINEN HUT .] Lukyn , ich erwidere deine Freundlichkeit – meinen Hut.

LUKYN.

Danke, mein Junge.

> [LUKYN SETZT VALES HUT *auf , der viel zu klein für ihn ist. Als er hinausgeht, klopft es an der Tür; er öffnet es;* BLOND *ist draußen.*

BLOND.

Oberst, es ist zehn Minuten nach Schließung. Darf ich Sie bitten, Ihre Gruppe zu entlassen?

LUKYN.

Puh! Ist das nicht ein freies Land?

> [*Er geht raus.*

BLOND.

Ja, es steht Ihnen frei, nach Hause zu gehen, Colonel. Ich werde in Schwierigkeiten geraten.

> [*Ihm nach draußen folgen.*

CHARLOTTE.

[*An* AGATHA POSKET.] Ich werde das erste Wort haben. Wirklich, Captain Vale, ich bin überrascht über Sie.

TAL.

Es gab eine glückliche Zeit, Miss Verrinder, in der ich über Sie hätte überrascht sein können.

CHARLOTTE.

Vor ein paar Stunden hieß es : „ Bei Gott, alles ist vorbei." Jetzt erlebe ich dich mit einer Busenfreundin, die teuflische Austern genießt.

TAL.

Ich bitte um Verzeihung, ich finde, dass Sie teuflische Austern genießen.

CHARLOTTE.

Horace Vale, du vergisst, dass du das Recht verwirkt hast, die Kontrolle über meine Ernährung auszuüben.

TAL.

Man könnte meinen, ich hätte unsere Verlobung gelöst.

CHARLOTTE.

Wenn nicht, wer hat das? Ich habe Ihren Brief, in dem steht, dass zwischen uns alles aus ist. [*Hält ihr Taschentuch vor die Augen.*] Dieser Brief wird morgen im Somerset House abgestempelt. Ich weiß, wie ich mich schützen kann.

TAL.

Charlotte, können Sie Ihr Verhalten gegenüber Gordon Bristow erklären?

CHARLOTTE.

Ich könnte, wenn ich wollte; Eine junge Dame kann alles erklären.

TAL.

Aber er zeigt Ihre Gabe unseren Mitmenschen überall.

CHARLOTTE.

Es war eine Ehrenschuld . Er legte mir für den Regimental Cup eine Schachtel Handschuhe und ein Paar Hausschuhe über „Forked Lightning" hin, und „Forked Lightning" wurde an der Ferse empfindlich. Ich konnte nicht mit Schulden zu Ihnen kommen. [*Weinen.*] Ich bin zu gewissenhaft.

TAL.

Bei Gott, ich war ein Rohling.

CHARLOTTE.

Jj-ja.

TAL.

Kannst du vergessen, dass ich diesen Brief jemals geschrieben habe?

CHARLOTTE.

Das muss eine Frage der Zeit sein. [*Sie legt ihren Kopf auf seine Schulter und nimmt ihn dann ab.*] Wie feucht du bist. [*Sie legt ihr Taschentuch auf seine Schulter und setzt ihren Kopf wieder auf. Sie bewegt seinen Arm allmählich nach oben und legt ihn um ihre Schulter.*] Wenn Sie trotzdem jedes Mal weitermachen würden, wenn ich einer Verpflichtung nachkäme, wären wir höchst unglücklich.

TAL.

Ich verspreche Ihnen, dass ich Bristows Hausschuhe nicht noch einmal erwähnen werde. Bei Gott, das werde ich nicht tun.

CHARLOTTE.

Also gut, wenn du das tust, gebe ich dir mein Wort, dass ich vor unserer Hochzeit keine weiteren Schulden mehr begleichen werde.

TAL.

Mein Liebling!

[*Ich will ihn gerade umarmen, aber mir fällt
ein, dass er nass ist.*

CHARLOTTE.

Nein – nein – du bist zu feucht.

ISIDOR.

[*Draußen.*] Ich bitte um Verzeihung, es ist eine Viertelstunde über unserer Zeit.

[AGATHA POSKET *hat auf dem Sofa
gesessen; Plötzlich zuckt sie zusammen
und hört aufmerksam zu.*

HERR POSKET.

[*Draußen.*] Ich weiß, ich weiß. Ich gehe sofort los, damit ich den Jungen wegholen kann.

AGATHA POSKET.

[*Zu sich selbst.*] Æneas !

CIS.

[*Draußen.*] Alles klar, Chef , leeren Sie Ihre Flasche aus.

AGATHA POSKET.

Mein Junge.

ISIDOR.

[*Draußen.*] Meine Herren, kommen Sie – kommen Sie.

AGATHA POSKET.

[*Zu sich selbst.*] Elender Betrüger! Das ist also der Club, und der elende Mann schmiedet eine Verschwörung, um meinen Jungen auf sein eigenes schreckliches Niveau herabzuziehen. Was soll ich tun? Ich traue mich hier nicht , mich zu melden. Ich weiß; Ich werde nach Hause eilen, und wenn ich vor Æneas dort ankomme , was ich tun werde, werde ich für ihn aufstehen.

LUKYN *kehrt zurück.*

AGATHA POSKET.

Steht das Taxi vor der Tür?

LUKYN .

Es ist.

AGATHA POSKET.

Charlotte! Charlotte!

[*Sie zieht ihren Schleier herunter.*

CHARLOTTE.

Ich bin bereit, Liebes. [*Zu* VALE.] Verheiratete Schwestern sind immer ein wenig gedankenlos.

TAL.

[*Bietet seinen Arm an.*] Erlaube mir.

LUKYN .

[*Bietet* AGATHA POSKET SEINEN ARM AN.] Meine liebe Frau.

Sie wollen alle vier gerade gehen, als BLOND *eilig hereinkommt.*

BLOND.

[*Hält seine Hand zum Schweigen hoch.*] Still! Stille!

LUKYN .

Was ist los?

BLOND.

Die Polizei!

ALLE.

[*Flüsternd.*] Die Polizei!

BLOND.

[*Leise.*] Die Polizei steht unten an der Tür. Ich habe es dir gesagt.

CHARLOTTE.

[*Klammert sich an* VALE.] Oh je! Oh je!

AGATHA POSKET.

Gnädige Mächte!

BLOND.

Bleiben Sie bitte ruhig. Sie könnten mit den Zusicherungen von Madame Blond zufrieden sein . Ich muss dich in die Dunkelheit stürzen; Sie können das Licht hier sehen, wenn sie nach hinten gehen.

> [*Bläst Kerzen aus und schaltet die anderen
> Lichter aus.*

AGATHA POSKET UND CHARLOTTE.

Oh!

BLOND.

Bleiben Sie bitte ruhig! Mein Führerschein ist bereits einmal markiert. Colonel Lukyn , vielen Dank dafür.

> [*Er geht raus.*

AGATHA POSKET.

[*Wimmern.*] Elende Männer! Was haben Sie getan? Sind Sie Kriminelle?

CHARLOTTE.

Du bist nicht meinetwegen desertiert oder so, oder, Horace?

LUKYN.

Stille! Seien Sie nicht beunruhigt. Unsere Zeit ist so angenehm vergangen, dass wir die vorgeschriebene Schließungszeit des Hotels überschritten haben. Das ist alles.

AGATHA POSKET.

Was können sie mit uns machen?

LUKYN.

Im schlimmsten Fall notieren Sie sich unsere Namen und Adressen und rufen Sie uns an, weil wir zu verbotenen Zeiten hier sind.

AGATHA POSKET.

Oh!

CHARLOTTE.

[*Zu* VALE.] Horace, kannst du nicht sprechen?

TAL.

Bei Gott, ich bereue das sehr.

ISIDOR *kommt herein.*

LUKYN.

Gut gut?

ISIDOR.

Ich bitte um Verzeihung, die Polizei ist eingetroffen.

LUKYN.

Der Teufel! [*An* AGATHA POSKET.] Meine liebe Dame, fallen Sie in einem solchen Moment nicht in Ohnmacht.

BLOND *kommt schnell herein und trägt eine Decke.*

BLOND.

Sie durchsuchen das Haus! Verstecken!

AGATHA POSKET UND CHARLOTTE.

Oh!

[*Es herrscht allgemeine Aufregung.*

BLOND.

Sie haben einen Mann hinten angestellt. Halten Sie sich vom Fenster fern. [*Sie sind alle geschäftig und alle reden im Flüsterton;* LUKYN *legt* AGATHA POSKET *unter den Tisch, wo sie von der Decke verdeckt wird; er stellt sich hinter die Mäntel, die an den Haken hängen;* VALE *und* CHARLOTTE *gehen hinter dem Sofa in die Hocke.*] Vielen Dank. Ich werde Isidore auf dem Sofa zu Bett bringen. Das wird das Licht erklären, das gerade erloschen ist. [ISIDOR *setzt sich ruhig auf das Sofa;* BLONDE *deckt ihn mit der Decke zu.*] Vielen Dank.

[*Er geht raus.*

AGATHA POSKET.

[*Mit gedämpfter Stimme.*] Charley! Charley!

CHARLOTTE.

Ja.

AGATHA POSKET.

Wo bist du?

CHARLOTTE.

Hier.

AGATHA POSKET.

Oh, wo ist Captain Vale?

CHARLOTTE.

Ich glaube, er ist in meiner Nähe.

TAL.

Bei Gott, Charlotte, das bin ich!

AGATHA POSKET.

Oberst Lukyn !

LUKYN .

[*Hinter den Mänteln hervor.*] Hier, meine Dame!

AGATHA POSKET.

Verlass uns nicht.

LUKYN .

Frau, ich bin Soldatin.

CHARLOTTE.

[*Zu* VALE.] Oh, Horace, was für ein Trost müssen wir in so einem Moment füreinander sein.

TAL.

Meine liebe Charlotte, es ist unkalkulierbar.

> [ISIDORE *richtet sich sanft auf und blickt über die Sofalehne.*

CHARLOTTE.

[*Entsetzt.*] Was ist das?

ISIDOR.

[*Leise.*] Wie bitte.

BLOND *kommt leise herein, gefolgt von* CIS *und* MR. POSKET *auf Zehenspitzen, wobei* MR. POSKET CIS *festhält* .

BLOND.

Hier entlang; sei schnell. Entschuldigung, die Polizei betritt gerade den Raum, in dem diese Herren zu Abend gegessen haben. Einer von ihnen achtet darauf, dass ihm keine Fragen gestellt werden. Bitte verstecken Sie ihn und seinen Freund irgendwo. Sie sind beide sehr nette Herren.

> [*Er geht hinaus und lässt* CIS *und* MR. POSKET ZURÜCK.

HERR POSKET.

Cis, Cis. Berate mich, mein Junge, berate mich.

CIS.

Es ist alles in Ordnung, Chef , es ist alles in Ordnung. Stell dich hinter etwas.

> [AGATHA POSKET *lugt unter der Tischdecke hervor.*

AGATHA POSKET.

Æneas und mein Kind!

> [MR. POSKET *und* CIS *wandern umher und*
> *suchen nach Verstecken.*

TAL.

[*Zu* CIS.] Geh weg.

CIS.

Oh!

LUKYN .

[*Zu* MR. POSKET, *der an den Mänteln herumfummelt.*] Nein, nein.

BLOND.

[*Steckt seinen Kopf hinein.*] Die Polizei kommt.

> [CIS *verschwindet hinter dem Fenstervorhang.*
> MR. POSKET *taucht unter den Tisch.*

AGATHA POSKET.

Oh!

HERR POSKET.

[*zu* AGATHA POSKET *im Flüsterton.*] Wie bitte. Ich glaube, ich spreche eine Dame an. Ich bin völlig das Opfer der Umstände. Bitte entschuldigen Sie diese offensichtliche Störung. [*Keine Antwort.*] Frau, ich begrüße Ihre Zurückhaltung, auch wenn eine Aussage unter den gegenwärtigen Umständen nicht gegen Sie verwendet werden würde. Wo ist dieser Junge? Oh! Meine Dame, es mag von Ihrer Seite akute Nervosität sein, aber Sie kneifen mir auf jeden Fall in den Arm.

> [*Draußen sind schwere Schritte zu hören, dann*
> *kommt* MESSITER , *ein schroffer,*
> *sachlicher Inspektor der Polizei,*
> *herein, gefolgt von* HARRIS, *einem*
> *Polizisten, und* ACHILLE BLOND.

BLOND.

Sie brauchen sich keine Sorgen zu machen – glauben Sie mir.

MESSITER .

Kein Problem, Herr Blond, danke. [*Schnüffelnd.*] Kerzen – ausgeblasen – in letzter Zeit. Hier war das Licht.

BLOND.

Vielleicht. Mein Diener Isidor schläft hier; er ist gerade erst zu Bett gegangen.

MESSITER .

Oh! [Nimmt HARRIS *eine Bullaugenlaterne ab und wirft das Licht auf* ISIDORE, *der offenbar tief und fest schläft.*] Todmüde, nehme ich an?

BLOND.

Das nehme ich an.

MESSITER .

[*Den Bezug leicht herunterklappen.*] Er schläft in seiner Kleidung?

BLOND.

Oh ja.

MESSITER .

Stets?

BLOND.

Immer – das ist eine Regel des Hotels.

MESSITER .

Oh! – warum ist das so?

BLOND.

Um für den Morgen bereit zu sein.

MESSITER .

Gut gut. [*Wirft den Teppich und die Decke beiseite.*] Isidore, gehen Sie nach unten und geben Sie Sergeant Jarvis Ihren vollständigen Namen und Ihre persönlichen Daten.

ISIDOR.

[*Steht sofort auf.*] Ja, Sir – sehr gut.

BLOND.

[*Zu* ISIDOR.] Warum wachst du so schnell auf? Der Teufel hol dich!

ISIDOR.

Wie bitte.

[*Er geht raus.*

MESSITER .

Was ist unter diesem Fenster, Herr Blond?

BLOND.

Das Oberlicht über der Küche – zum Teufel!

MESSITER .

Vielen Dank – *Sie* können jetzt zum Sergeant gehen, Mr. Blond.

BLOND.

Gerne – der Teufel holt mich!

[*Er geht raus.*

MESSITER .

Na dann, Harris.

HARRIS.

Jawohl.

MESSITER .

Bleiben Sie vollkommen ruhig und halten Sie den Atem so lange wie möglich an.

HARRIS.

Halten Sie den Atem an, Sir?

MESSITER .

Ja – ich möchte hören, wie viele Menschen in diesem Raum atmen. Sind Sie bereit?

HARRIS.

Jawohl.

MESSITER .

Gehen! [HARRIS *steht still und presst seine Lippen fest zusammen;* MESSITER *untersucht schnell sein Gesicht im Licht der Laterne, geht dann durch den Raum, lauscht und nickt zufrieden mit dem Kopf, während er an den verschiedenen Verstecken vorbeigeht.* HARRIS *windet sich vor Schmerzen; am Ende gibt er es auf und atmet schwer.*] Harris!

HARRIS.

[*Erschöpft.*] Jawohl!

MESSITER .

Du atmest.

HARRIS.

Oh Gott, ja, Sir!

MESSITER .

Du wirst dich heute Abend melden!

HARRIS.

Ich habe durchgehalten, bis ich fast umgefallen wäre, Sir.

MESSITER .

[*Ihm den Volltreffer geben.*] Nicht streiten, sondern aufleuchten. In diesem Raum sind ein halbes Dutzend Menschen versteckt. [*Es gibt einen Schrei von den Frauen.* CHARLOTTE *und* VALE *erheben sich;* LUKYN *tritt hinter den Mänteln hervor.*] Ich dachte auch. [*Als* MESSITER *sich umdreht, stehen* AGATHA POSKET *und* MR. POSKET *auf,* CIS *kommt schnell, ergreift* MR. POSKET *und zerrt ihn zum Fenster.*]

CIS.

[Zu HERRN POSKET.] Komm schon, Chef . Aufleuchten!

> [*Sie verschwinden durch den Vorhang, als* HARRIS *das Licht anschaltet. Dann ertönt ein Schrei und ein Krachen.*

AGATHA POSKET.

Sie sind getötet!

> [MESSITER *schaut durch das Fenster.*

MESSITER .

Nein, sind sie nicht; Sie sind mit ihnen in die Küche und auf den Balkon
gegangen. Schau gut aus, Harris.

[HARRIS *geht schnell raus.*

LUKYN .

[*An* MESSITER .] Ich werde Sie dafür anzeigen, Sir.

MESSITER .

[*Zieht sein Notizbuch heraus.*] Es tut mir sehr leid, Sir; Es ist meine Pflicht.

LUKYN .

Pflicht, Herr! Kommen Sie mit Ihren verdammten Detektivtricks, meine
Damen und Herren! Wie können Sie es wagen, meine Damen und Herren
dazu zu bringen, ihre Atmung anzuhalten, bis sie fast einen Schlaganfall
erleiden? Wissen Sie, dass ich ein kurzhalsiger Mann bin, Sir?

MESSITER .

Ich wollte nicht, dass Sie aufhören zu atmen, Sir. Ich wollte, dass du
lauter atmest. Ihr Name und Ihre Adresse, Sir.

LUKYN .

Gur-rrh!

MESSITER .

Herr vom Militär, Sir?

LUKYN .

Wie kannst du das Wissen?

MESSITER .

Kurzer Redestil, Sir. Armeemänner verhalten sich etwas schroff, wenn
sie in die Jahre gekommen sind.

LUKYN .

Oh! Alexander Lukyn – Oberst – Cheshire Light Infantry Ihrer Majestät,
spätes 41. Infanterieregiment, 3. Bataillon – Bengalen – im Ruhestand.

MESSITER .

[*Schreiben.*] Hotel oder Club, Colonel?

LUKYN.

Weder. 19A, Cork Street – Unterkünfte.

MESSITER.

[*Schreiben.*] Sehr schöner Teil, Colonel. Danke schön.

LUKYN.

Bah!

MESSITER.

Anderer Herr?

TAL.

[*Mit träger Hochmut.*] Horace Edmund Cholmeley Clive Napier Vale. Kapitän – Shropshire Fusiliers – Stark's Hotel, Conduit Street.

MESSITER.

[*Schreiben.*] Im Ruhestand, Sir?

TAL.

Nein, zum Teufel – aktiv!

MESSITER.

Vielen Dank, Kapitän. Hm! Um Entschuldigung bitten. Die – die Damen.

> [CHARLOTTE *klammert sich an* VALE,
> AGATHA POSKET *an* LUKYN.

CHARLOTTE UND AGATHA POSKET.

Nein – nein! Nein – nein!

LUKYN.

[*An* AGATHA POSKET.] In Ordnung – in Ordnung – vertrau mir! [*An* MESSITER.] Na ja, Sir?

MESSITER.

Bitte Namen und Adressen.

LUKYN .

Officer – mein guter Freund – sagen Sie mir jetzt – ähm – was brauchen Sie im Moment am meisten?

MESSITER .

Bitte die Namen und Adressen dieser beiden Damen. Seien Sie schnell, Colonel. [*Zeigt auf* AGATHA POSKET.] Diese Dame zuerst.

LUKYN .

Taufnamen – äh – äh – Alice Emmeline.

MESSITER .

[*Schreiben.*] Alice Emmeline. Nachname?

LUKYN .

Ähm – ähm – Fitzgerald – 101, Wilton Street, Piccadilly.

MESSITER .

Single-Dame?

LUKYN .

Ganz .

MESSITER .

Sehr gut, Herr.

AGATHA POSKET.

[*Zu* LUKYN , *unter Tränen.*] Oh, danke, auch so eine nette Adresse.

MESSITER .

[*Zu* VALE.] Nun, Captain, bitte – diese Dame.

TAL.

[Wer hat CHARLOTTE *beruhigt ?*] Haw! Ha! Diese Dame ist – äh – ähm – die Schwester der anderen Dame.

MESSITER .

Single-Lady, Sir?

TAL.

Sicherlich.

MESSITER .

[*Schreiben.*] Vorname, Kapitän?

TAL.

Ah – ähm – Harriett.

MESSITER .

[*Schreiben.*] Nachname.

TAL.

Ähm – Macnamara.

MESSITER .

[*Mit einem grimmigen Lächeln.*] Ganz richtig. Lebt natürlich bei ihrer Schwester, Sir?

TAL.

Natürlich.

MESSITER .

Wo ist das, Sir?

TAL.

Albert Mansions, Victoria Street.

CHARLOTTE.

[*Zu* VALE.] Oh, danke, ich habe mir diesen Ort immer gewünscht.

MESSITER .

Sehr dankbar, meine Herren,

LUKYN .

[Wer hat VALES *Antworten in hilflosem Entsetzen zugehört ?*] Bei George, gut raus!

[CHARLOTTE TAUMELT ZU AGATHA
POSKET *hinüber , die sie umarmt.*

LUKYN .

[*Zieht die Mäntel aus und wirft einen* VALE ZU.] Vale, dein Mantel.

HARRIS *kommt herein.*

HARRIS.

[*An* MESSITER .] Es tut mir sehr leid, Sir; Die beiden anderen Herren konnten durch die Hintertür der Spülküche entkommen – allem Anschein nach waren es alte Hasen.

[MESSITER *stampft mit einem Ausruf mit*
dem Fuß auf.

AGATHA POSKET.

[*Zu sich selbst.*] Mein Junge – gerettet!

LUKYN .

[*Zu* HARRIS, *der vor der Tür steht.*] Constable, gehen Sie aus dem Weg.

MESSITER .

[*Scharf.*] Harris!

HARRIS.

[*Ohne sich zu bewegen.*] Jawohl.

MESSITER .

Sie werden mit diesen Damen das Hotel verlassen und sie nicht aus den Augen verlieren, bis Sie herausgefunden haben, wie sie heißen *und* wo sie *leben* .

LUKYN UND VALE.

Was!

AGATHA POSKET UND CHARLOTTE.

Oh!

MESSITER .

Ihre eigene Schuld, meine Herren; Es ist meine Pflicht.

LUKYN .

Und es ist *meine* Pflicht, diese hilflosen Frauen vor den Schutzgesetzen meines zerstörten Landes zu retten! Tal!

TAL.

[*Legt seinen Mantel auf das Sofa.*] Aktiv!

LUKYN .

[*Zu* HARRIS.] Lassen Sie diese Damen passieren! [*Er packt* HARRIS *am Kragen und wirft ihn zu* VALE HINÜBER, *der ihn den Damen zuwirft, die ihn wegstoßen.* MESSITER *steckt eine Pfeife an den Mund und bläst; Es gibt eine sofortige Antwort von außen.*] Mehr von deinen Kameraden draußen?

MESSITER .

Ja, Sir, zu Ihren Diensten. Es tut mir sehr leid, meine Herren, aber Sie und Ihre Gruppe sind in meiner Obhut.

LUKYN UND VALE .

Was?

AGATHA POSKET UND CHARLOTTE .

Oh!

MESSITER .

Für den Angriff auf diesen Mann bei der Erfüllung seiner Pflicht.

LUKYN .

Du wagst es, uns die ganze Nacht einzusperren?

MESSITER .

Es ist jetzt ein Uhr, Colonel – Sie kommen gleich morgen früh.

LUKYN .

Aufleuchten? An welchem Gericht?

MESSITER .

Mulberry Street.

AGATHA POSKET .

Ah! Der Richter?

MESSITER .

Mr. Posket, Mama.

> [AGATHA POSKET *lässt sich auf einen Stuhl sinken,* CHARLOTTE *zu ihren Füßen;* LUKYN *fällt überwältigt auf* VALES SCHULTERN .

ENDE DES ZWEITEN AKT.

DER DRITTE AKT

Die erste Szene ist das Zimmer des Magistrats im Mulberry Street Police Court, mit einer mit Vorhängen bedeckten Tür, die direkt in das Gericht führt, und einer Tür, die in einen Flur führt. Es ist der Morgen nach den Ereignissen des letzten Gesetzes.

POLIZEISERGEANT LUGG, ein Mann mittleren Alters mit leicht ländlichem Dialekt, kommt mit der Zeitung „The Times" herein, schneidet sie durch und wirft einen Blick auf den Inhalt, während er ein Lied summt.

MR. WORMINGTON, ein älterer, schlanker und präziser Mann, kommt herein.

HERR WORMINGTON.

Guten Morgen, Lugg.

LUGG.

Guten Morgen, Herr Wormington.

HERR WORMINGTON.

Mr. Posket ist noch nicht angekommen?

LUGG.

Noch nicht, Sir. Hallo! [*Lesen.*] „*Überfall auf ein* Hotel im West End. – Heute Morgen in früher Stunde –"

HERR WORMINGTON.

Ja, das habe ich gelesen – ein Fall von tätlichem Angriff auf die Polizei.

LUGG.

Das müssen doch die Leute sein, die die ganze Nacht so randalierend waren.

HERR WORMINGTON.

Sehr wahrscheinlich.

LUGG.

Ja, Sir, protestierten und protestierten , bis sie allen den Schlaf raubten. Aber auch gut aussehende Frauen, wie ich Frau Lugg sage, heutzutage lässt sich nicht mehr sagen, wer die Dame ist und wer nicht. Wer hat diesen Job, Sir?

HERR WORMINGTON.

Inspektor Messiter .

LUGG.

Messiter ! Das ist Glück! Warum er der schlechteste Redner der Truppe ist, Sir. * [*Während er die Zeitung auf dem Tisch arrangiert, erblickt er* MR. WORMINGTONS *Krawatte, die leuchtend rot ist.*] Nun, ich – entschuldigen Sie, Herr Wormington, aber in all den Jahren, in denen ich die Ehre hatte, Sie zu kennen , Sir, habe ich Sie noch nie eine Krawatte mit sozusagen einem Farbtupfer darin tragen sehen .

> * Ein Magistrat der Stadt, der einen Polizisten wegen der Undeutlichkeit seiner Äußerungen im Zeugenstand tadelte, schlug vor, die Polizei in eine Methode zur verständlichen Beweisführung einzuweisen.

HERR WORMINGTON.

Nun, Lugg, nein, das stimmt, aber heute ist für mich ein außergewöhnlicher Anlass. Es ist tatsächlich der fünfundzwanzigste Jahrestag meiner Hochzeit, und ich hielt es für ein Verdienst von Mrs. Wormington, die Düsterkeit meiner Kleidung ein wenig zu verändern . Ich gestehe, ich bin ein wenig beunruhigt darüber, ob Herr Posket dies überhaupt als respektlos gegenüber dem Gericht betrachten sollte.

LUGG.

Er nicht, Sir.

HERR WORMINGTON.

Ich weiß nicht. Mr. Posket verkörpert Pünktlichkeit in seiner Kleidung, und seine Krawatte ist ausnahmslos schwarz. Allerdings hat nicht jeder Mann eine Silberhochzeit.

LUGG.

Es ist nicht jedermanns Sache, der eins haben möchte, Sir.

> [HERR WORMINGTON *geht hinaus; im selben Moment kommt* HERR POSKET *schnell herein und lehnt sich erschöpft auf seinen Stuhl. Sein Aussehen ist äußerst erbärmlich; Er trägt immer noch Abendkleidung, aber seine Kleidung ist schmutzig und seine*

HERR POSKET.

[*Leicht.*] Guten Morgen, Lugg.

LUGG.

Guten Morgen, Sir. Ich bereue die Freiheit, die ich mir nehme, Sir – ich habe gesehen, dass Sie stärker und herzlicher aussahen .

HERR POSKET.

Mir geht es einigermaßen gut, danke, Lugg. Meine Nacht war ziemlich – ziemlich unruhig. Lugg!

LUGG.

Herr?

HERR POSKET.

Wurden heute Morgen irgendwelche Nachforschungen über mich angestellt – zum Beispiel ein Bote von Mrs. Posket, der fragte, wie es mir geht?

LUGG.

Nein Sir.

HERR POSKET.

Oh! Mein Kind, mein Stiefsohn, der junge Mr. Farringdon, hat nicht angerufen, oder?

LUGG.

Nein Sir.

HERR POSKET.

[*Zu sich selbst.*] Wo kann dieser Junge sein? [*Zu* LUGG.] Danke, das ist alles.

LUGG.

[*Wer hat* MR. POSKET *mit Erstaunen beäugt, geht zur Tür und berührt dann seinen Nasenrücken.*] Hässliche Schnittwunde beim Rasieren , Sir?

[LUGG *geht hinaus.*

HERR POSKET.

Wo kann dieser Junge geblieben sein? Wenn ich mich nur daran erinnern könnte, wie, wann und wo wir uns getrennt haben! Ich glaube, es war in Kilburn. Lassen Sie mich nachdenken – zuerst die Küche. [*Legt seine Hand an die Seite, als wäre er schwer verletzt.*] Oh! Cis war in Ordnung, weil ich darunter gefallen bin; Ich fühlte, dass es meine Pflicht war, dies zu tun. Was geschah dann? Ein dunkler Raum, der nach Zwiebeln, Kohl und Paraffinöl duftete, und Cis, der mich über den Steinboden schleifte und sagte: „Wir sind in der Spülküche, Chef ; Lasst uns versuchen, die Tür des Handwerkers zu finden." Als nächstes die Nachtluft – oh, wie erfrischend! „Cis, mein Junge, wir werden heute Abend beide eine Lektion lernen – betrüge niemals." Wo sind wir? In der Argyll Street. „Passen Sie auf, Chef , sie sind hinter uns her." Dann – dann, wie Cis bemerkte, als wir über das Geländer des Portman Square stiegen – begann der Spaß. Wir gehen auf den Platz – sie sind hinter uns her. Noch einmal in die Baker Street. Unten in der Baker Street. Während ich rannte, fielen mir neugierige Erinnerungen an meinen ersten Besuch als glückliches Kind bei Madame Tussaud ein und ich fragte mich, ob ihre Entfernung mein Schicksal beeinflusst hatte. „Komm schon, Chef – du wirst in die Luft gejagt." Wo sind wir? Parkstraße. Was tue ich? Aus der Pfütze aufstehen. St. John's Wood. Der Cricketplatz. „Ich sage, Chef , was wäre das für ein Lauf bei Lord's, nicht wahr? und es gibt auch keine Angst davor, überrannt zu werden, sondern mehr Angst davor, überrannt zu werden." „Welche Straße ist das, Cis?" Maida Vale. Ach du meine Güte! Eine fromme Tante von mir lebte einst in Hamilton Terrace; Sie hätte nie gedacht, dass ich dazu kommen sollte. „ Chef ?" „Ja, mein Junge." „Lasst uns diesen gutherzigen Kaffeehausbesitzer dazu bringen, uns zu verstecken." Wir bewerben uns. „Werden Sie zwei unglücklichen Herren helfen?" „Nein, verdammt, wenn ich so will." "Warum nicht?" „, Weil ich bereit bin , mich der Jagd nach dir anzuschließen." Ah! Wieder los, entlang des Maida Vale! Weiter, weiter, Gott weiß wie oder wohin, bis schließlich kein Geräusch einer Verfolgung zu hören war, kein Cis, kein Atem und die frühen Kilburn-Busse, die in die Stadt fuhren. Dann kam ich wieder zurück und nicht viel zu früh für das Gericht. [*Gehe zum Waschtisch und schaue in den kleinen Spiegel, mit einem leises Stöhnen.*] Oh, wie erschreckend schrecklich ich aussehe und wie steif und wund ich mich fühle! [*Zieht seinen Mantel aus und hängt ihn an einen Haken, dann wäscht er sich die Hände.*] Was für ein schwaches und doppelzüngiges Wesen, ein Richter zu sein! Ich sollte wirklich einen Abgeordneten bitten, im Repräsentantenhaus eine Frage über mich zu stellen. Wo ist die Seife? Ich werde morgen fünf Pfund und Kosten in die Armenkasse stecken. Aber ich verdiene äußerste Vorsicht. Ah, vielleicht bekomme ich das von Agatha. [*Er zieht seine weiße Krawatte aus, rollt sie zusammen und stopft sie in die Tasche.*] Wenn

Wormington ankommt, werde ich mir etwas Geld leihen und eine schwarze Krawatte holen lassen! Mein ganzes Taschengeld steckt in meinem Mantel im Hotel des Princes. Wenn die Polizei es beschlagnahmt, ist es tröstlich zu wissen, dass mir das Geld nie zurückerstattet wird. [*Es klopft an der Tür.*] Komm herein!

LUGG *kommt herein.*

LUGG.

Ihr Diener, Mr. Wyke, möchte Sie sehen, Sir

HERR POSKET.

Bring ihn rein. [LUGG *geht hinaus.*] Wyke! Von Agatha! Von Agatha!

LUGG *kommt mit* WYKE WIEDER HEREIN.

WYKE.

Hm! Guten Morgen mein Herr.

HERR POSKET.

Guten Morgen, Wyke. Hm! Geht es Meister Farringdon ganz gut?

WYKE.

Er war noch nicht zu Hause angekommen, als ich ging, Sir.

HERR POSKET.

Oh! Wo ist dieser Junge? [*Zu* WYKE.] Wie geht es deiner Herrin heute Morgen, Wyke?

WYKE.

Sehr gut, hoffe ich, Sir; *sie* Ich bin auch noch nicht nach Hause gekommen.

HERR POSKET.

Nicht zurückgekehrt – und Miss Verrinder auch nicht?

WYKE.

Nein, Sir – keines von beiden.

HERR POSKET.

[*Zu sich selbst.*] Lady Jenkins geht es noch schlimmer, sie wird immer noch gestillt! Gute Frauen, wahre Frauen!

WYKE.

[*Zu sich selbst.*] Das hat seinen betrügerischen alten Geist beruhigt.

HERR POSKET.

[*Zu sich selbst.*] Wenn mich die Diener nun nicht verraten und Cis sicher zurückkehrt, ist das Schlimmste vorbei. Wie tief bin ich gefallen, wenn ich mich über das Unwohlsein von Lady Jenkins freue!

WYKE.

Cook meinte, Sie sollten wissen, dass die Herrin nicht nach Hause gekommen war, Sir.

HERR POSKET.

Sicherlich. Nehmen Sie sofort ein Taxi nach Campden Hill und sagen Sie mir, wie arm Lady Jenkins ist. Sagen Sie Frau Posket, dass ich kommen werde, sobald das Gericht tagt.

WYKE.

Jawohl.

HERR POSKET.

Und Wyke. Es ist überhaupt nicht notwendig, dass Mrs. Posket von meiner Abwesenheit mit Master Farringdon gestern Abend von zu Hause weiß. Die gegenwärtigen Ängste von Frau Posket sind mehr als ausreichend. Informieren Sie Cook, Popham und die anderen Bediensteten darüber, dass ich ihre Diskretion im gleichen Sinne anerkennen werde, wie ich es Ihnen gegenüber bereits gezeigt habe.

WYKE.

[*Mit Sarkasmus.*] Danke mein Herr. Ich werde. [*Er holt aus seiner Westentasche ein kleines, in Zeitungspapier gewickeltes Geldpäckchen hervor, das er auf den Tisch wirft.*] In der Zwischenzeit, Sir, dachte ich, Sie möchten das kleine Geldgeschenk, das Sie mir gestern Abend gegeben haben, zusammenzählen, und falls Sie denken, Sie wären zu großzügig gewesen, Sir, könnten Sie den Betrag halbieren. Es ist nicht gut, uns alle zu verwöhnen, Sir.

LUGG *kommt herein.*

HERR POSKET.

Du bist ein ausgezeichneter Diener, Wyke; Ich bin sehr erfreut. Wir sehen uns, wenn Sie von Lady Jenkins zurückkommen. Sei schnell.

WYKE.

Jawohl. [*Zu sich selbst.*] Er wird mir nicht so schnell noch einmal zwei Pence geben.

[*Er geht hinaus;* LUGG *wird gleich folgen.*

HERR POSKET.

Oh, Lugg, ich möchte, dass du zum nächsten Strumpfhändler gehst und mir eine hübsche Krawatte kaufst.

LUGG.

[*Sieht* MR. POSKET NEUGIERIG AN.] Eine Krawatte, Sir?

HERR POSKET.

Ja. [*Er schlägt seinen Mantelkragen hoch, um sich vor* LUGGS *Blick zu schützen.*] Eine Krawatte – eine Krawatte.

LUGG.

Was für ein Typ, Sir?

HERR POSKET.

Oh, einer wie der von Mr. Wormington.

LUGG.

Eines, wie er es heute Morgen trägt, Sir?

HERR POSKET.

Natürlich, natürlich, natürlich.

LUGG.

[*Zu sich selbst.*] Stellen Sie sich vor, er wäre jetzt eifersüchtig auf Mr. Wormington. Sehr gut, Sir – zu welchem Preis, Sir?

HERR POSKET.

Der beste. [*Zu sich selbst.*] Da habe ich jetzt kein Geld. [*Ich sehe das Paket auf dem Tisch.*] Oh, bezahl es damit, Lugg.

LUGG.

Jawohl.

HERR POSKET.

Und behalte das Wechselgeld für deine Mühe.

LUGG.

Danke mein Herr; Vielen Dank, Sir – ich bin Ihnen sehr dankbar, Sir. [*Zu sich selbst.*] Das ist wie ein liberaler Gentleman.

> [LUGG *geht hinaus, als* MR. WORMINGTON *mit dem Anklageblatt in der Hand durch die Vorhänge hereinkommt. Als* MR. WORMINGTON MR. POSKET SIEHT, *steckt er unbehaglich sein Taschentuch in den Kragen, um seine Krawatte zu verbergen.*

HERR WORMINGTON.

Hm! Guten Morgen.

HERR POSKET.

Guten Morgen, Wormington.

HERR WORMINGTON.

Das Anklageblatt .

HERR POSKET.

Hinsetzen.

> [MR. WORMINGTON *setzt seine Brille auf;* HERR POSKET *versucht ebenfalls, seine Brille aufzusetzen, verletzt sich jedoch am Nasenrücken, zuckt zusammen und gibt auf.*

HERR POSKET.

[*Zu sich selbst.*] Meine Nase schmerzt extrem. [*Zu* HERRN WORMINGTON.] Du hast eine schlimme Erkältung, fürchte ich, Wormington – Bronchial?

HERR WORMINGTON.

Hm! Nun – ah – Tatsache ist – Sie haben vielleicht bemerkt, wie sehr kühl die Nächte sind.

HERR POSKET.

Sehr, sehr.

HERR WORMINGTON.

Die einzige Möglichkeit, den Kreislauf aufrechtzuerhalten, besteht darin,
so schnell wie möglich zu laufen.

HERR POSKET.

Laufen – so schnell man kann – ja – durchaus.

HERR WORMINGTON.

[*Für sich selbst, während er auf* MR. POSKETS *Hemd blickt.*] Wie
außergewöhnlich – er trägt überhaupt keine Krawatte!

HERR POSKET.

[*Er knöpft seinen Mantel zu, um* MR. WORMINGTONS *Blick zu vermeiden.*]
Gibt es heute Morgen etwas Wichtiges?

HERR WORMINGTON.

Nichts Besonderes nach der ersten Anklage, eine ernste Angelegenheit
im Zusammenhang mit der Razzia im „Hotel des Princes".

HERR POSKET.

[*Beginnt.*] „Hotel des Princes?"

HERR WORMINGTON.

Inspektor Messiter hat heute Morgen um ein Uhr dort sechs Personen
beim Abendessen angetroffen. Zweien gelang die Flucht.

HERR POSKET.

Meine Güte – ich bin überrascht – ich meine, nicht wahr?

HERR WORMINGTON.

Aber sie haben ihre Mäntel zurückgelassen, und man geht davon aus,
dass man sie aufspüren kann.

HERR POSKET.

Oh, denkst du – denkst du, dass es sich lohnt ? Die Polizei hat im
Moment viel zu tun.

HERR WORMINGTON.

Aber wenn es der Polizei gelingen sollte, jemanden festzunehmen , sollten wir sicherlich kein Hindernis schaffen.

HERR POSKET.

Nein – nein – ganz und gar – ist mir nie aufgefallen.

HERR WORMINGTON.

[*Bezieht sich auf die Anklageschrift.*] Die übrigen vier mussten in Gewahrsam genommen werden.

HERR POSKET.

Ach du meine Güte! Was für eine gute Arbeit, die anderen beiden haben nicht gewartet. Ich bitte um Verzeihung – ich meine – Sie sagen, wir haben vier?

HERR WORMINGTON.

Ja, wegen Behinderung der Polizei. Der erste Angriff ereignete sich im Speisesaal, der zweite im vierrädrigen Taxi auf dem Weg zum Bahnhof. Zu diesem Zeitpunkt befanden sich fünf Personen im Taxi: die beiden Frauen, die beiden Männer und der Inspektor.

HERR POSKET.

Meine Güte, es muss ein sehr komplizierter Angriff gewesen sein. Wer sind die Unglücklichen?

HERR WORMINGTON.

Die Männer haben eine gewisse Stellung. [*Lesen.*] „Alexander Lukyn , Oberst"——

HERR POSKET.

Lukyn ! Ich – ich – kenne Colonel Lukyn ; wir sind alte Schulkameraden.

HERR WORMINGTON.

Sehr traurig! [*Lesen.*] Das andere ist „Horace, &c. &C. Vale – Kapitän – Shropshire Fusiliers."

HERR POSKET.

Und die Damen?

HERR WORMINGTON.

Nennen Sie sich „Alice Emmeline Fitzgerald und Harriet Macnamara".

HERR POSKET.

[*Zu sich selbst.*] Wer ist die Dame, die mit mir unter dem Tisch war?

HERR WORMINGTON.

derzeit von der Polizei nicht erkannt , geben aber falsche Adressen an und ihr Verhalten ist im Allgemeinen gewalttätig und unbefriedigend.

HERR POSKET.

[*Zu sich selbst.*] Wer hat mich gekniffen – Alice oder Harriet?

HERR WORMINGTON.

Ich erwähne diesen Fall, weil er offenbar die strengsten Maßnahmen erfordert.

HERR POSKET.

Wäre nicht eine Geldstrafe und eine strenge Verwarnung der Richterbank für die beiden Personen, die entkommen sind …

HERR WORMINGTON.

Ich denke nicht. Bedenken Sie, Herr Posket, dass Sie nicht nur gegen die Lizenzgesetze verstoßen, sondern auch die Polizei behindern!

HERR POSKET.

Das stimmt – es ist schwierig, die Polizei zu behindern, wenn sie irgendetwas tut.

LUGG *kommt herein.*

LUGG.

[*Versuch, etwas Ärger zu verbergen.*] Ihre Krawatte, Sir.

HERR POSKET.

S- schsch !

HERR WORMINGTON.

[*Zu sich selbst.*] Dann *kam er* ohne – meine Güte!

LUGG.

[*Ein Papierpaket auf den Tisch legen.*] So nah wie möglich an Mr.
Wormingtons – heller, wenn überhaupt.

HERR POSKET.

[*Das Paket öffnen und ein sehr gewöhnliches, farbenfrohes Halstuch finden* .] Ach
du meine Güte! Was für eine schreckliche Angelegenheit!

LUGG.

Nach meinen Informationen, Sir – wie bei Mr. Wormington.

HERR POSKET.

Mr. Wormington würde niemals in solch einer abscheulichen Farbe
gesehen werden .

HERR WORMINGTON.

Nun ja – wirklich – ich –[*Ich nehme ihm das Taschentuch vom Hals.*] Es tut
mir sehr leid.

HERR POSKET.

Mein lieber Wormington!

HERR WORMINGTON.

Ich trage zufällig etwas Ähnliches – das erste Mal seit fünfundzwanzig
Jahren.

HERR POSKET.

Oh, ich bitte um Verzeihung. [*Zu sich selbst.*] Alles scheint gegen mich
zu sein.

LUGG.

Es ist ein Uhr neun, Sir. [*Zieht das Geldpaket aus Papier hervor und legt es auf
den Tisch.*] Und ich habe das ganze Geld, das du mir gegeben hast,
zurückgebracht, weil ich dachte, du würdest es dir ruhig ansehen wollen.
Wirklich, mein Herr, ich bin in meinem ganzen Leben noch nie in einem
Geschäft kleiner aufgetaucht!

HERR POSKET.

Auf mein Wort. Erst einer und dann noch einer! Was *stimmt* mit dem
Geld nicht? [*Öffnet das Paket.*] Twopence ! [*Zu sich selbst.*] Dieser Wyke wird
Agatha alles erzählen! Oh, alles ist gegen mich.

[LUGG *hat die Tür geöffnet, von jemandem*
draußen eine Karte genommen und sie
Mr. Wormington gegeben .

HERR WORMINGTON.

Aus Zelle Nr. 3.

[*Überreicht* MR. POSKET DIE KARTE.

HERR POSKET.

[*Lesen.*] „Lieber Posket, um Himmels willen besuche mich vor der Sitzung des Gerichts. Alexander Lukyn . Armer lieber Lukyn ! Was um alles in der Welt soll ich tun?

HERR WORMINGTON.

Ein solcher Kurs wäre höchst ungewöhnlich.

HERR POSKET.

Alles ist ungewöhnlich. Deine Krawatte ist ungewöhnlich. Dieser Gefangene ist heute zum Essen bei mir zu Hause eingeladen – das ist seltsam. Er ist der Pate des ersten Mannes und des einzigen Kindes meiner Frau – das ist etwas ungewöhnlich.

HERR WORMINGTON.

Der Vorwurf ist so schwerwiegend!

HERR POSKET.

Aber ich bin sowohl ein Mann als auch ein Richter, raten Sie mir, Wormington, raten Sie mir!

HERR WORMINGTON.

Nun ja – Sie können selbst die Erlaubnis beantragen, Colonel Lukyns Bitte nachzukommen .

HERR POSKET.

[*Kritzelt hastig auf* LUKYNS *Karte.] Das tue ich – das tue ich – und nach vielen widersprüchlichen Diskussionen stimme ich zu, Colonel Lukyn sofort hier zu sehen* . [Übergibt MR. WORMINGTON *die Karte , der sie an Lugg weitergibt , der dann geht raus.]* Verlass mich nicht, Wormington – du musst mir zur Seite stehen und dafür sorgen, dass ich ruhig, standhaft und gerichtlich bleibe. [*Er zieht hastig und unordentlich die rote Krawatte an.*] Armer Lukyn , ich muss den Freund im Richter versenken und im Umgang mit seinen Fehlern die Geißel auf mich

selbst anwenden. [*Zu* HERRN WORMINGTON.] Wormington, klopfen Sie
mir auf die Schulter, wenn ich dazu neige, ungewöhnlicher zu sein als sonst.

> [MR. WORMINGTON *steht hinter ihm und*
> LUGG *kommt mit* LUKYN
> HEREIN . LUKYNS *Kleidung ist
> stark verschmutzt und unordentlich,
> und auch er hat einen kleinen
> Pflasterstreifen auf dem Nasenrücken.
> Es entsteht eine kurze Pause,*
> LUKYN *und* MR. POSKET *husten
> beide.*

LUKYN .

[*Zu sich selbst.*] Armer Posket!

HERR POSKET.

[*Zu sich selbst.*] Armer Lukyn !

LUKYN .

[*Zu sich selbst.*] Ich nehme an, er hat die ganze Nacht für seine Frau
aufgepasst, armer Teufel! [*Zu* HERRN POSKET.] Ähm! Wie geht es dir,
Posket?

> [MR. WORMINGTON *berührt* MR.
> POSKETS *Schulter.*

HERR POSKET.

Es tut mir leid, Sie in dieser schrecklichen Lage zu sehen, Colonel Lukyn

.

LUKYN .

Bei George, alter Freund, es tut mir leid, mich darin wiederzufinden. [
Sitzt und greift zur Zeitung.] Ich nehme an, sie haben uns in der „Times"
erwischt, verwirr sie !

> [*Während* LUKYN *die Zeitung liest, führen*
> MR. POSKET *und* MR.
> WORMINGTON *eine eilige Beratung
> über* LUKYNS *Verhalten* .

HERR POSKET.

Hm! [*Zu* LUGG.] Sergeant, ich denke, Colonel Lukyn könnte mit einem Stuhl zufrieden sein.

LUGG.

Er ist drin, Sir.

LUKYN .

[*Aufstehen und Papier niederlegen.*] Bitte um Verzeihung, ich habe vergessen, wo ich war. Ich nehme an, an diesem verwirrenden Ort muss alles formell sein?

HERR POSKET.

Ich fürchte, Colonel Lukyn , es wird auch hier notwendig sein, unsere unglücklichen relativen Positionen strikt zu wahren. [LUKYN *verbeugt sich.*] Hinsetzen. [LUKYN *setzt sich wieder.* POSKET *nimmt die Anklageschrift entgegen.*] Oberst Lukyn ! Wenn ich mich jetzt an Sie wende, spreche ich nicht als Mann, sondern als Instrument des Gesetzes. Als Mann kann ich ein schwaches, bösartiges, verabscheuungswürdiges Geschöpf sein oder auch nicht.

LUKYN .

Sicherlich – natürlich.

HERR POSKET.

Aber als Richter muss ich sagen, dass Sie mich mit Schmerz und Erstaunen erfüllen.

LUKYN .

Ganz richtig – jeder macht sein Handwerk, mach weiter, Posket.

HERR POSKET.

[*Er dreht seinen Stuhl zu* LUKYN .] Alexander Lukyn – wenn ich dich ansehe – wenn ich dich ansehe – [*Er versucht, seine Brille aufzusetzen.*] Ah – meine Nase. [*Zu* LUKYN .] Ich sage, wenn ich dich ansehe, Alexander Lukyn , stehe ich vor einem höchst traurigen Schauspiel. Ein in Disziplin und Klugheit geschulter Militäroffizier ist nun aufgrund seiner eigenen Verfehlungen beklagenswert verletzt und ramponiert, durch Gips schändlich entstellt, seine Kleidung beschmutzt und beschädigt – alles schreckliche Beweise für einen Konflikt mit dieser Macht Ich bin der Vertreter.

LUKYN .

[*Er dreht seinen Stuhl zu* MR. POSKET.] Nun, Posket, wenn es dazu kommt, wenn ich dich ansehe, wenn ich dich ansehe –[*Er versucht, sein Glas in sein Auge zu stecken.*] Verdammt meine Nase! [*Zu* HERRN POSKET.] Wenn ich dich ansehe, bist *du* heute Morgen kein sehr imposantes Objekt.

HERR POSKET.

Lukyn !

LUKYN .

Du siehst genauso wackelig aus wie ich – und du bist nicht ganz unschuldig an Gerichtspflaster.

HERR POSKET.

Lukyn ! Wirklich!

LUKYN .

Und was unsere Kleidung angeht, sehen wir beide nicht so aus, als wären wir aus einer Bandschachtel geschlüpft.

HERR POSKET.

Nicht, Lukyn , nicht! Bitte respektieren Sie meinen rechtlichen Status! [HERR WORMINGTON *führt* HERRN POSKET, *der aufgestanden ist, zurück zu seinem Platz.*] Danke, Wormington. Alexander Lukyn , ich habe gesprochen. Es bleibt Ihnen überlassen, Ihre Beweggründe für die Suche nach diesem schmerzhaften Interview anzugeben.

LUKYN .

Sicherlich! Hm! Sie wissen natürlich, dass ich in dieser Angelegenheit nicht allein bin?

HERR POSKET.

[*Bezieht sich auf die Anklageschrift.*] Gegen Sie scheinen drei Personen angeklagt zu sein.

LUKYN .

Ja. Zwei weitere entkamen. Feiglinge! Wenn ich sie jemals finde, werde ich sie zerstören!

HERR POSKET.

Lukyn !

LUKYN .

Ich werde! Ein weiterer Job für dich, Posket.

HERR POSKET.

[*Mit Würde.*] Ich bitte um Verzeihung, im Falle eines so bedauerlichen Ereignisses würde ich meine jetzige Position nicht einnehmen. Machen Sie weiter, Sir.

LUKYN .

Horace Vale und ich sind bereit, die Hauptlast unserer Missetaten auf uns zu nehmen. Aber, Posket, es sind Damen in dem Fall.

HERR POSKET.

In den Annalen des Mulberry Street Police Court ist ein solcher Umstand nicht beispiellos.

LUKYN .

Zwei hilflose, verlassene Damen.

HERR POSKET.

[*Bezieht sich auf die Anklageschrift.*] Alice Emmeline Fitzgerald und Harriet Macnamara. Oh, Lukyn , Lukyn !

LUKYN .

Puh! Ich bitte weder für mich noch für Vale um einen Gefallen , aber ich komme zu dir, Posket, um dich zu bitten, deine Macht zu nutzen, um diese beiden Damen unverzüglich freizulassen.

> [MR. WORMINGTON *berührt* MR.
> POSKETS *Schulter.*

HERR POSKET.

Auf mein Wort, Lukyn ! Glaubst du, dass ich untergraben werden soll?

LUKYN .

Untergraben Sie den Teufel, Sir! Sprich nicht mit mir! Lasst diese Damen gehen, sage ich! Bringen Sie sie nicht vor Gericht, sehen Sie ihre Gesichter nicht – hören Sie ihre Stimmen nicht – wenn Sie es tun, werden Sie es bereuen!

HERR POSKET.

Oberst Lukyn !

LUKYN.

[*Lehnt sich über den Tisch und packt* MR. POSKET *an der Schulter.*] Posket, wissen Sie, dass eine dieser Damen verheiratet ist?

HERR POSKET.

Natürlich nicht, Sir. Ich werde rot, als ich es höre.

LUKYN.

Und wissen Sie, dass das Glück und die Zufriedenheit eines liebevollen Ehemanns von dem Moment an, in dem diese verheiratete Dame Ihren verwirrten Hof betritt, zu einem verdammten Wrack und Ruin werden?

HERR POSKET.

Dann, mein Herr, sei es meine erschütternde Aufgabe, diesem törichten, vernarrten Mann die Augen für den Verrat und die Treulosigkeit zu öffnen, die auf seinem Kaminsims lauert!

LUKYN.

Oh, Herr! Seien Sie vorsichtig, Posket! Bei George, sei vorsichtig!

HERR POSKET.

Alexander Lukyn , du bist mein Freund. Unter den persönlichen Gegenständen, die Ihnen beim Betreten dieses Reviers abgenommen wurden, befand sich möglicherweise ein Memorandum über eine Verabredung, heute Abend um Viertel vor acht in meinem Haus zu speisen. Aber, Lukyn , ich bereite dich feierlich vor, du läufst Gefahr, zu spät zum Abendessen zu kommen! Ich gehe noch einen Schritt weiter – ich bin nicht sicher, ob Frau Posket nach den Verhandlungen heute Morgen bereit sein wird, Sie zu empfangen.

LUKYN.

Ich bin absolut sicher, dass sie das *nicht tun wird!*

HERR POSKET.

Deshalb, Lukyn , als englischer Ehemann und Vater wird es meine Pflicht sein, Ihnen und Ihren verrufenen Begleitern (*unter Bezugnahme auf die Anklageschrift*), Alice Emmeline Fitzgerald und Harriet Macnamara, einige rudimentäre Vorstellungen von Anstand und Anstand beizubringen.

LUKYN.

Verdammt, Posket – hör zu!

HERR POSKET.

Ich höre, Sir, auf die leitende Stimme von Mrs. Posket – dieser frischgebackenen Frau, die immer noch von der Peinlichkeit ihrer zweiten Ehe errötet, und diese Stimme sagt: „Streben Sie für die Heiligkeit von Herd und Zuhause, für die Ehre der.“ Ehefrauen Englands – keine Gnade!“

HERR WORMINGTON.

Es ist Zeit, vor Gericht zu gehen, Sir. Die Anklage gegen Colonel Lukyn steht an erster Stelle auf der Liste.

LUKYN .

Posket, ich gebe dir eine letzte Chance! Wenn ich die wahren Namen dieser beiden unglücklichen Damen auf ein Stück Papier schreibe, würden Sie sich dann für einen Moment von der Beobachtung fernhalten und diese Namen lesen, bevor Sie vor Gericht gehen?

HERR POSKET.

Sicherlich nicht, Colonel Lukyn ! Ich lasse mich im Umgang mit einer Straftat, die meiner Meinung nach so schwarz ist wie – wie meine Krawatte, nicht durch private Informationen beeinflussen! Hm!

> [MR. WORMINGTON *und* MR. POSKET
> *schauen einander auf die Krawatte und*
> *schlagen hastig ihre Kragen hoch.*

LUKYN .

[*Zu sich selbst.*] Es gibt keine Hilfe dafür. [*Zu* HERRN POSKET.] Dann Posket, Sie müssen die klare Wahrheit haben, wo Sie stehen, bei George! Die beiden Damen, die in dieser Angelegenheit meine Begleiterinnen sind, sind –

HERR POSKET.

Sergeant! Colonel Lukyn wird sich nun seiner Gruppe anschließen.

> [LUGG GEHT *abrupt auf* LUKYN *zu* .

LUKYN .

[*Kochend vor Empörung.*] Wie bitte? Was?

HERR POSKET.

Lukyn , ich glaube, wir haben beide Verabredungen – entschuldigen Sie mich?

LUKYN .

Posket! Du bist zu weit gegangen! Wenn Sie auf die Knie gegangen wären, was Sie anscheinend kürzlich getan haben, und um die Namen dieser beiden Damen gebeten hätten, hätten Sie sie nicht haben sollen ! Nein, Sir, bei George, das sollten Sie nicht tun.

HERR POSKET.

Guten Morgen, Colonel Lukyn .

LUKYN .

Sie haben mich belehrt, mich beschimpft, mich brüskiert – einen Soldaten, Sir – einen Soldaten! Aber wenn ich an Ihre Dinnerparty heute Abend denke, mit meinem leeren Stuhl, wie Banquo, von George, Sir – und dem Hauptgericht, bestehend aus einem gut gebräunten, gut begossenen Familienspieß, serviert unter dem besten Silber cover, du tust mir leid, Posket! Guten Morgen!

[Er marschiert mit LUGG HINAUS.

HERR POSKET.

Ah! Gott sei Dank ist die Tortur überstanden. Nun, Wormington, ich denke, ich bin bereit, mich den Aufgaben des Tages zu stellen! Sollen wir vor Gericht gehen?

HERR WORMINGTON.

Sicherlich.

[MR. WORMINGTON sammelt Papiere vom
Tisch ein. HERR POSKET schüttet
mit zitternder Hand Wasser aus der
Karaffe und Getränke aus.

HERR POSKET.

Mein Frühstück. [Zu HERRN WORMINGTON.] Ich hoffe, ich habe die Heiligkeit des Herdes des Engländers verteidigt, Wormington?

HERR WORMINGTON.

Das hast du tatsächlich getan. Als verheirateter Mann danke ich Ihnen.

HERR POSKET.

Gib mir deinen Arm, Wormington! Mir geht es heute Morgen nicht sehr gut und dieses Interview mit Colonel Lukyn hat mich erschüttert. Ich glaube, Ihr Mantelkragen ist hochgeschlagen, Wormington.

HERR WORMINGTON.

Das gilt auch für Sie, glaube ich, Sir.

HERR POSKET.

Hm!

> [*Sie schlagen ihre Kragen herunter;* MR. POSKET *nimmt* MR. WORMINGTONS *Arm. Sie gehen zu den Vorhängen, als* WYKE *eilig durch die Tür hereinkommt.*

WYKE.

Entschuldigen Sie bitte.

HERR WORMINGTON.

Stille! Stille! Herr Posket geht gerade vor Gericht.

WYKE.

Lady Jenkins hat mich zurückgeschickt, um Ihnen mitzuteilen, dass sie die Missis in der letzten Woche oder länger nicht gesehen hat.

HERR POSKET.

Mrs. Posket ist gestern Abend mit Miss Verrinder nach Campden Hill gefahren!

WYKE.

Sie sind dort noch nicht angekommen, Sir.

HERR POSKET.

Nicht angekommen!

WYKE.

Nein, Sir – und selbst ein langsames Allradfahrzeug kann das nicht erklären.

HERR POSKET.

Wormington! es ist etwas falsch! Frau Posket hat letzte Nacht ein recht glückliches Zuhause verlassen und wurde seitdem weder gesehen noch gehört!

HERR WORMINGTON.

Seien Sie bitte nicht beunruhigt, Sir, das Gericht wartet.

HERR POSKET.

Aber ich habe Angst! Sagen Sie Sergeant Lugg, er soll sich das Unfallbuch, die Krankenhausrückgaben von heute Morgen, die Liste der vermissten Kinder, verdächtige Zusagen von Leuten ansehen, die der Gemeinde zu Lasten der Gemeinde gehen, achten Sie auf Ihre Fensterbefestigungen – –! Ich – ich – Wormington, Mrs. Posket und ich waren gestern Abend anderer Meinung.

HERR WORMINGTON.

Denken Sie nicht daran, Sir! Sie sollten mich und Mrs. Wormington hören! Bitte kommen Sie vor Gericht.

HERR POSKET.

Gericht! Ich bin völlig geschäftsunfähig! völlig ungeeignet fürs Geschäft!

[MR. WORMINGTON *drängt ihn durch die Vorhänge davon.* LUGG *kommt herein, fast atemlos.*

LUGG.

Wir haben eine Ladung im Dock – alle vier . [Wyke *sehen* .] Hallo! Du bist wieder da!

WYKE.

Ja – so scheint es. [*Sie stehen sich gegenüber und tupfen sich mit ihren Taschentüchern die Stirn ab.*] Puh! Du scheinst warm zu sein.

LUGG.

Puh! Du scheinst nicht so cool zu sein.

WYKE.

Ich habe mich um zwei Damen gekümmert .

LUGG.

Ich auch .

WYKE.

sie nicht gefunden .

LUGG.

Wenn ich das gewusst hätte, hätte ich dir gerne unsere beiden geliehen.

<blockquote>[Von der anderen Seite der Vorhänge ertönt ein Schrei von AGATHA POSKET und CHARLOTTE.</blockquote>

WYKE.

Herr! was ist das!

LUGG.

Das sind unsere beiden. Beachten Sie sie nicht – sie sind hysterisch . Sie sind jetzt milder als das, was sie waren. Ich sage, alter Kerl – geht es Ihrem Chef gut im Kopf?

WYKE.

Ich nehme an – warum?

LUGG.

Ich habe einen besonderen Grund zu fragen. Sagt er dir jemals, du sollst ihm etwas kaufen und das Wechselgeld behalten?

WYKE.

Was meinst du?

LUGG.

Nun, macht er jemals einen guten Eindruck, wenn Sie sich für ihn einsetzen – bekommen Sie jemals ein Trinkgeld?

WYKE.

Eher. Was glauben Sie, was er mir letzte Nacht geschenkt hat?

LUGG.

Ich weiß es nicht.

WYKE.

Twopence – um einen neuen Regenschirm zu kaufen.

LUGG.

Nun, ich bin gesegnet! Und er gab mir die gleiche Summe, um ihm eine Seidenkrawatte zu besorgen. Meiner Meinung nach hat er eine Gehirnerweichung. [*Ein weiterer Schrei der beiden Frauen, ein Schrei von* MR. POSKET *und dann ein Tumult sind zu hören. Ich renne zu den Vorhängen und schaue hindurch.*] Hallo! Was ist los mit dir? Hier! Ich habe es dir gesagt – er ist ausgebrochen, er ist ausgebrochen.

WYKE.

Wer ist ausgebrochen?

LUGG.

Der Wahnsinnige. Bleib zurück, ich werde gesucht.

[*Er geht durch die Vorhänge.*

WYKE.

[*Auf ihn aufpassen.*] Schauen Sie sich den Gouverneur an , der mit den Armen wedelt und trotzdem auf die Gefangenen losgeht! Gefangene! Meine Güte – es ist die Frau!

[*Inmitten verwirrter Stimmen wird* MR. POSKET *von Mr. Wormington durch die Vorhänge hereingeführt .* LUGG *folgt.*

HERR POSKET.

Wormington! Wormington! die beiden Damen! die beiden Damen! Ich kenne sie!

HERR WORMINGTON.

Es ist alles in Ordnung, Herr, es ist alles in Ordnung – seien Sie nicht verärgert, Herr!

HERR POSKET.

Mir geht es nicht gut; was soll ich tun?

HERR WORMINGTON.

Nichts weiter, Sir. Was Sie getan haben, ist ganz in Ordnung.

HERR POSKET.

Was *habe ich* getan?

HERR WORMINGTON.

Ja, Sir – Sie haben genau das getan, was ich vorgeschlagen habe – haben mir die Worte abgenommen. Sie bekannten sich schuldig.

HERR POSKET.

Schuldig!

HERR WORMINGTON.

Ja, Sir – und Sie haben sie verurteilt.

HERR POSKET.

Habe sie verurteilt! Die Damen!

HERR WORMINGTON.

Jawohl. Sie haben ihnen sieben Tage gegeben, ohne die Möglichkeit einer Geldstrafe.

> [MR. POSKET *bricht in* MR. WORMINGTONS *Armen zusammen.*

DIE ZWEITE SZENE.

Die Szene wechselt wie im ersten Akt in MR. POSKETS *Wohnzimmer.*

BEATIE *kommt schüchtern herein, gekleidet in ein einfaches Wanderkostüm.*

BEATIE.

Wie furchtbar früh. Elf Uhr, und ich soll erst um vier kommen. Ich frage mich, warum ich Cis den ganzen Tag unterrichten möchte. Von den beiden kleinen Mädchen, die ich am Russell Square unterrichte, bin ich bei weitem nicht so begeistert.

POPHAM *kommt herein. Ihre Augen sind rot, als ob sie weinen würde.*

POPHAM.

[*Zieht zurück,* BEATIE ZU SEHEN.] Wieder dieser Musikmensch. Ich bitte um Verzeihung – ich habe keine Anweisungen, den Salon für den Unterricht bis vier Uhr vorzubereiten.

BEATIE.

Ich möchte Frau Posket sehen.

POPHAM.

Sie ist nicht nach Hause gekommen.

BEATIE.

Oh, dann – äh – ähm – reicht Meister Farringdon aus.

POPHAM.

[*In Tränen.*] Er ist auch nicht nach Hause gekommen!

BEATIE.

Oh, wo ist er?

POPHAM.

Niemand weiß! Sein böser alter Stiefvater hat ihn letzte Nacht spät mitgenommen und ihn nicht zurückgebracht. So eine Nacht war es auch, und er trug immer noch seine Sommerunterhemden.

BEATIE.

Herr Posket?

POPHAM.

Mr. Posket – nein, mein Cis!

BEATIE.

Wie können Sie es wagen, auf diese vertraute Weise über Meister Farringdon zu sprechen?

POPHAM.

Wie kann ich es wagen? Weil ich und er eine Bindung eingegangen sind, bevor du jemals unsere Türen verdunkelt hast. [*Nimmt ein gefaltetes bedrucktes Papier aus ihrer Tasche.*] Möglicherweise legen Sie den Eisenaal zu schwer ab, Miss Tomlinson. Ich verweise Sie auf *Bow Bells* – „ Erste Liebe ist beste Liebe; oder: The Earl's Choice."

[*Als* POPHAM *das Papier anbietet, kommt*
CIS *herein, sehr blass, erschöpft und*
zerzaust .

POPHAM UND BEATIE.

Oh!

CIS.

[*Torkelnd zu einem Stuhl.*] Wo ist die Materie ?

POPHAM.

Noch nicht zu Hause.

CIS.

Danke Giminy !

BEATIE.

Er ist krank!

POPHAM.

Oh!

[BEATI SCHIEBT, *unterstützt von* POPHAM, *schnell den großen Sessel nach vorne, sie packen* CIS *und setzen ihn hinein, er unterwirft sich schlaff.*

BEATIE.

[*Nimmt* CIS' *Hand.*] Was ist los, Cis, mein Lieber? Sag es Beatie.

POPHAM.

[*Er nimmt seine andere Hand.*] Nun, ich bin mir sicher! Wer hat dir Rosinen und Ketchup aus dem Vorratsschrank geschenkt? Komm zurück zu Emma!

[CIS *murmelt mit geschlossenen Augen.*

BEATIE.

Er flüstert!

[*Sie neigen beide ihre Köpfe nach unten, um zuzuhören.*

POPHAM.

Er sagt, sein Kopf dreht sich.

BEATIE.

Leg ihn auf das Sofa.

CIS.

Ich – ich – ich wünschte, ihr zwei Mädchen würdet aufhören.

BEATIE.

Er spricht wieder. Er hat nicht gefrühstückt! Er ist hungrig!

POPHAM.

Hungrig! Ich dachte, er sah dünn aus! Warte mal, mein Lieber! Emma Popham weiß, worauf ihr Junge Lust hat!

[*Sie rennt aus dem Zimmer.*

CIS.

Oh, Beatie, halte meinen Kopf, während ich dich etwas frage.

BEATIE.

Ja, Liebling!

CIS.

Keine Dame würde einen Herrn heiraten, der ein Sträfling war, oder?

BEATIE.

NEIN; sicherlich nicht!

CIS.

Ich dachte nicht! Nun, Beatie, ich wurde von einem Polizisten verfolgt.

BEATIE.

[*Ich verlasse ihn.*] Oh!

CIS.

Nicht erwischt, wissen Sie, nur hinterherlaufen; und als ich heute Morgen von Hendon nach Hause ging, kam ich zu dem Schluss, dass ich mich im Leben niederlassen sollte. Beatie – könnte ich eine Zeitung schreiben, in der ich verspreche, dich zu heiraten, wenn ich einundzwanzig bin?

BEATIE.

Sei kein dummer Junge – natürlich könntest du das.

CIS.

Dann werde ich; und wenn ich Lust auf einen Ausflug verspüre, werde ich an die Zeitung denken und sagen: „Cis Farringdon, wenn du jemals eingesperrt wirst, verlierst du das schönste Mädchen der Welt.“

BEATIE.

Und das werden Sie auch.

[*Er geht zum Schreibtisch.*

CIS.

Ich schreibe es besser jetzt, bevor mein Kopf wieder gesund wird.

[*Er schreibt; sie beugt sich über ihn.*

BEATIE.

Du einfacher, dummer Cis! Wenn dein Kopf so seltsam ist, soll ich dir dann sagen, was du sagen sollst?

POPHAM *kommt herein und trägt ein Tablett mit Frühstücksgeschirr.*

POPHAM.

[*Zu sich selbst.*] Er wird jetzt nicht mehr so viel von *ihr halten* . Sein Frühstück ist mein Triumph. [*Zu* CIS.] Kaffee, Speck und ein Teekuchen.

BEATIE.

Stille! Meister Farringdon schreibt etwas sehr Wichtiges.

POPHAM.

[*Gehe zum Fenster.*] Das ist ein Taxi vor unserer Tür.

CIS.

Es muss an der Materie liegen – ich bin weg!

[*Er hebt seine Stiefel auf und geht schnell hinaus.*

BEATIE.

[*Folgt ihm mit Papier und Tintenfass.*] Cis! Cis! Du hast dein Versprechen nicht gehalten! Du hast dein Versprechen nicht gehalten!

LUGG.

[*Draußen gehört.*] Alles klar, Sir – ich habe Sie – ich habe Sie.

[POPHAM *öffnet die Tür.*

POPHAM.

Der Meister und ein Polizist! [LUGG *kommt herein und unterstützt* MR. POSKET *, der stöhnend in einen Sessel sinkt.*] Oh, was ist los?

LUGG.

Also gut, mein gutes Mädchen, du rennst nach unten und holst einen Tropfen Brandy und Wasser.

HERR POSKET.

[*Ich beeile mich.*] Oh!

LUGG.

Nehmen Sie das nicht an, Sir. Das könnte jedem verheirateten Herrn passieren. Jetzt geht es Ihnen gut, Sir. Und ich werde schnell zurück zum Gericht gehen, um zu sehen, ob sie nach Mr. Bullamy geschickt haben .

HERR POSKET.

Meine Frau! Meine Frau!

LUGG.

Oh, kommen Sie, mein Herr, was *sind* schon sieben Tage! Warum wäre so mancher verheirateter Herr in Ihrer Position, Sir, froh gewesen, es vierzehn zu haben?

HERR POSKET.

Geh weg – verlass mich.

LUGG.

Sicherlich. [POPHAM *kommt mit einem kleinen Glas Brandy und Wasser wieder herein; er nimmt es von ihr und trinkt es.*] Es ist nicht gewollt. Ich bin dankbar, sagen zu können, dass es ihm besser geht.

POPHAM.

[*Zu* LUGG.] Wenn Sie möchten, macht die Köchin ihr Komplimente, und sie würde sich über die Freude Ihrer Gesellschaft unten freuen, bevor sie geht .

[*Sie gehen raus.*

HERR POSKET.

Agatha und Lukyn ! Agatha und Lukyn aßen zusammen im Hotel des Princes, während ich zu Hause war und schlief – während ich zu Hause hätte sein und schlafen sollen! Es ist schrecklich!

CIS.

[*Schaut zur Tür hinein und tritt ein.*] Hallo, Chef !

HERR POSKET.

[*Startet.*] Cis!

CIS.

Wo hast du hergeholt, Chef ?

HERR POSKET.

Wo habe ich geholt! Du elender Junge! Ich habe Kilburn geholt, und ich werde dir eine ordentliche Peitsche holen, wenn ich meine Fassung wiedererlangt habe.

CIS.

Wozu?

HERR POSKET.

Dafür, dass Sie mich in die Irre geführt haben, Sir. Es ist die erste schlechte Kameradschaft, die ich jemals geschlossen habe! Die schlechte Kommunikation mit Ihnen, Sir, hat mich korrumpiert! [*Nimmt* CIS *am Kragen und schüttelt ihn.*] Warum hast du mich in Kilburn verlassen?

CIS.

Denn du warst ganz fertig, und ich bin abgezweigt, um die Menge von dir weg und hinter mir herzuziehen.

HERR POSKET.

Hast du, Cis, hast du? [*Legt seine Hand auf* CIS' *Schulter.*] Mein Junge – mein Junge! Oh, Cis, wir stecken in solchen Schwierigkeiten!

CIS.

Sie wurden nicht erwischt, Chef ?

HERR POSKET.

Nein – aber wissen Sie, wer die Damen sind, die im Hotel des Princes zu Abend gegessen haben?

CIS.

Nein du?

HERR POSKET.

Tue ich? Es waren deine Mutter und Tante Charlotte.

CIS.

Die Mutter und Tante Charlotte! Hahaha! [*Vor Freude lachen und tanzen.*] Ha! Ha! Oh, sage ich, Chef , was für ein Spaß!

HERR POSKET.

Eine Lerche! Sie wurden zur Polizeistation gebracht!

CIS.

[*Ändert seinen Ton.*] Meine Mutter?

HERR POSKET.

Sie wurden dem Richter vorgeführt und verurteilt.

CIS.

Verurteilt?

HERR POSKET.

Auf sieben Tage Haft.

CIS.

Oh!

[*Er setzt grimmig seinen Hut auf.*

HERR POSKET.

Was werden Sie tun?

CIS.

Holen Sie zuerst meine Mutter raus und brechen Sie dann jedem Knochen im Körper dieses Richters.

HERR POSKET.

Cis! Cis! Er ist ein unglücklicher Kerl und hat seine Pflicht getan.

CIS.

Seine Pflicht! Die Frau eines anderen Richters ins Gefängnis schicken! Chef , ich bin nur ein Junge, aber ich weiß, was professionelle Etikette ist! Mitkommen! Welches ist die Polizeistation?

HERR POSKET.

Mulberry Street.

CIS.

Wer ist der Richter?

HERR POSKET.

Ich bin!

CIS.

Du! [*packt* MR. POSKET *am Kragen und schüttelt ihn.*] Du wagst es, meine Mutter einzusperren! Komm mit und hol sie raus!

[*Er zerrt* MR. POSKET *zur Tür, als* MR.
BULLAMY *atemlos hereinkommt.*

HERR BULLAMY .

Mein lieber Posket!

CIS.

[*packt* MR. BULLAMY *und zerrt ihn mit* MR. POSKET *zur Tür.*] Komm mit mir und hol meine Mutter raus.

HERR BULLAMY .

Lassen Sie mich in Ruhe, Herr! Sie *ist* raus! Ich habe es geschafft.

HERR POSKET UND CIS.

[*Zusammen.*] Wie?

HERR BULLAMY .

Wormington hat mir geschickt, als Sie krank wurden. Als ich am Hof ankam, hatte er durch Ihren Diener erfahren, in welcher schrecklichen Lage sich Mrs. Posket befand.

CIS.

Du lässt meine Mutter in Ruhe! Mach weiter!

HERR BULLAMY .

Ich sagte mir: „Das geht nicht, ich muss diese Leute irgendwie befreien!"
[*Zu* HERRN POSKET.] Ich bin nicht so verdammt gewissenhaft wie du, Posket.

CIS.

Bravo! Mach weiter!

HERR BULLAMY .

[*Er stellt seine Jujube-Schachtel her.*] Das erste, was ich tat, war, eine Jujube zu nehmen.

CIS.

[*Nimmt ihm die Jujube-Schachtel weg.*] Wirst du dich beeilen?

HERR BULLAMY .

Dann sagte ich zu Wormington: „Posket war *unzufrieden,* als er diesen Fall hörte – ich werde die Angelegenheit noch einmal aufrollen!"

CIS.

Hurra!

HERR BULLAMY .

Und ich tat! Und was glaubst du, habe ich vom Hotelbesitzer herausgefunden?

HERR POSKET UND CIS.

Was?

HERR BULLAMY .

Dass dieser junge Halunke, Mr. Cecil Farringdon, ein Zimmer im „Hotel des Princes" mietet.

CIS.

Ich weiß, dass.

HERR BULLAMY .

Und dass Mr. Farringdon gestern Abend mit einem billigen Börsenmakler namens Skinner dort war.

CIS.

Weiter weiter! [*Bietet ihm die Jujube-Schachtel an.*] Nimm eine Jujube!

HERR BULLAMY.

[*Nimm eine Jujube.*] Nun erlaubt das Gesetz, das mir vollkommen vollkommen erscheint, einem Mann, der eine kleine Wohnung in einem Gasthof mietet, die ganze Nacht mit seinen Freunden zu essen und zu trinken.

CIS.

Also?

HERR BULLAMY.

So sagte ich von der Bank aus: „Diese Damen und Herren scheinen Freunde oder Verwandte eines bestimmten Untermieters im ‚Hotel des Princes' zu sein." ' "

CIS.

Das sind sie!

HERR BULLAMY.

„Sie wurden alle in einem Raum entdeckt."

HERR POSKET.

So waren wir – ich meine, sie waren es auch!

HERR BULLAMY.

„Und ich werde den Fall um eine Woche vertagen, um Herrn Farringdon die Gelegenheit zu geben, diese Leute als seine Gäste zu beanspruchen."

CIS.

Ein dreifaches Hoch auf Bullamy.

HERR BULLAMY.

Also tadelte ich die Polizei für ihre Einmischung und ließ die Damen nach eigenem Ermessen frei.

HERR POSKET.

[*Nimmt* MR. BULLAMYS *Hand.*] Und die Männer?

HERR BULLAMY .

Nun, leider hat es Wormington auf sich genommen, die Männer vor meiner Ankunft zum Justizvollzugsanstalt zu schicken .

HERR POSKET.

Ich bin froh darüber! Sie sind ausschweifende Schurken! Ich bin froh darüber.

POPHAM *kommt herein.*

POPHAM.

Oh, Herr! Hier sind die Missis und Miss Verrinder! In solch einer Notlage!

CIS.

Die Materie! Guv , du erklärst es!

> [*Er eilt hinaus.* MR. POSKET *zieht sich schnell in die Fensternische zurück.* AGATHA POSKET *und* CHARLOTTE *kommen herein, blass, mit roten Augen und aufgeregt.* POPHAM *geht raus.*

AGATHA POSKET UND CHARLOTTE.

[*Fällt auf* MR. BULLAMYS *Schultern.*] O-o-h-h!

HERR BULLAMY .

Meine lieben Damen!

AGATHA POSKET.

Bewahrer!

CHARLOTTE.

Freund!

AGATHA POSKET.

Wie geht es meinem Jungen?

HERR BULLAMY .

Nie besser.

AGATHA POSKET.

Und der Mann, der seine Frau und seine Schwägerin zum Elend eines Gefängnisses verurteilte!

HERR BULLAMY.

Hm! Posket – oh – er –

AGATHA POSKET.

Geht es ihm gut genug, um zu erfahren, was diese Frau von ihm hält?

HERR BULLAMY.

Es könnte einen Rückfall verursachen!

AGATHA POSKET.

Es ist meine Pflicht, das zu riskieren.

CHARLOTTE.

[*Er hebt die Deckel des Geschirrs auf dem Tisch hoch.*] Essen!

AGATHA POSKET.

Ah!

> [AGATHA POSKET *und* CHARLOTTE *beginnen gierig einen Teekuchen zu verschlingen.*

HERR POSKET.

[*Mit dem Versuch der Würde voranschreiten.*] Agatha Posket.

AGATHA POSKET.

[*Aufstehen, mit vollem Mund und einem Stück Teekuchen in der Hand.*] Herr!

> [CHARLOTTE *nimmt das Tablett und alles darauf vom Tisch und geht zur Tür.*

HERR BULLAMY.

[*Geht zur Tür.*] Es wird eine Erklärung geben.

CHARLOTTE.

[*An der Tür.*] Es wird eine Erklärung geben.

> [CHARLOTTE *und* MR. BULLAMY *gehen leise hinaus.*

HERR POSKET.

Wie können Sie es wagen, mir ins Gesicht zu schauen, Madam?

AGATHA POSKET.

Wie können Sie es wagen, jemanden in irgendeiner Position anzusehen, Sir? Sie schicken Ihre Frau ins Gefängnis, weil sie einen einfachen Polizisten geschubst hat.

HERR POSKET.

Ich wusste nicht, was ich tat.

AGATHA POSKET.

Nicht, als Sie zwei Damen aufforderten, ihre Schleier zu heben und auf der Anklagebank ihr Gesicht zu zeigen? Ohne das hätten wir nicht entdeckt werden dürfen.

HERR POSKET.

Es war meine Pflicht.

AGATHA POSKET.

Pflicht! Du gehst nicht wieder alleine zum Polizeigericht! Ich denke jetzt, Æneas Posket, warum du so lange an einem Single-Leben festgehalten hast. *Du mochtest es!*

HERR POSKET.

Ich wünschte ich hätte.

AGATHA POSKET.

Warum hast du erst mit fünfzig geheiratet?

HERR POSKET.

Vielleicht hatte ich keine Witwe getroffen, meine Dame.

AGATHA POSKET.

Dürftige Entschuldigung. Du hast ein ausschweifendes Junggesellenleben genossen !

HERR POSKET.

Hah! Whist jeden Abend!

AGATHA POSKET.

Du kannst Whist nicht *alleine spielen.* Du bist auch ein Experte im Verstecken!

HERR POSKET.

Wenn ich es wäre, würde ich deinen Jungen verprügeln!

AGATHA POSKET.

Als Sie sich gestern Abend verstecken wollten, haben Sie sich einen Tisch ausgesucht, an dem eine Dame stand.

HERR POSKET.

Ah, hast du mich gekniffen, oder Charlotte?

AGATHA POSKET.

Das habe ich – Charlotte ist ein Single-Mädchen.

HERR POSKET.

Ich glaube, Madam, Sie fanden mein Verhalten unter diesem Tisch vollkommen respektvoll?

AGATHA POSKET.

Ich weiß es nicht – ich war zu aufgeregt, um es zu bemerken.

HERR POSKET.

Ausweichen – du bist wie alle Frauen.

AGATHA POSKET.

Verschwenderisch! Das solltest du nicht wissen!

HERR POSKET.

Keine meiner Frauen verkehrt, ohne dass ich es weiß, mit ausschweifenden Militärs; wir werden eine gerichtliche Trennung haben, Frau Posket.

AGATHA POSKET.

Gewiss – ich nehme an, dass Sie das auch auf Ihrem Polizeigericht hinbekommen?

HERR POSKET.

Ich werde sofort meinen Anwalt holen.

AGATHA POSKET.

Æneas ! Herr Posket! Was auch immer passiert, Sie erhalten nicht das Sorgerecht für meinen Jungen.

HERR POSKET.

Dein Junge! *Ich* übernehme die Verantwortung für *ihn?* Agatha Posket, er war mein böses Genie! Er hat mich zum Spieler eines grausamen Spiels namens „Feuerwerk“ gemacht – er hat meinen Verstand mit abstrusen Spekulationen über „ Sillikin “ und „Butterscotch“ für den St. Leger gequält – er hat mich dazu gebracht, vor Dienern zu kauern und zu fliehen vor der Polizei.

AGATHA POSKET.

Er! Mein Cis?

CIS *kommt herein, nachdem er sich umgezogen hat.*

CIS.

[*Luftig.*] Hallo, Mater – zurückgekommen?

AGATHA POSKET.

Du böser Junge! Sie trauen sich, Appartements im „Hotel des Princes“ zu haben!

HERR POSKET.

Ja – und es sollte dem ein Ende setzen, was mich gestern Abend dazu bewogen hat, in die Meek Street zu gehen.

CIS.

Sei nicht böse, Mater! Ich habe dich aus deinen Schwierigkeiten herausgeholt.

HERR POSKET.

Aber du hast mich in meins gebracht!

CIS.

Nun, ich weiß, dass ich es getan habe – man kann nicht immer das Richtige tun! Es ist nicht Guvs Schuld – da!

HERR POSKET.

Schwöre es!

AGATHA POSKET.

Nein, er kennt die Natur eines Eides nicht! Ich glaube ihm! Æneas , ich verstehe jetzt, dass das alles das Ergebnis mangelnder Offenheit meinerseits ist. Sagen Sie mir, haben Sie dieses Kind jemals besonders beobachtet?

HERR POSKET.

Oh!

AGATHA POSKET.

Ist Ihnen jemals aufgefallen, dass er ein wenig nach vorn geht?

HERR POSKET.

Manchmal.

AGATHA POSKET.

Sie liegen falsch; er ist furchtbar rückständig. [*Nimmt* MR. POSKETS *Hand.*] Æneas ; Männer denken immer, sie würden Engel heiraten, und Frauen wären Engel, wenn sie nie alt werden müssten. Das verzerrt ihre Dispositionen. Ich habe dich getäuscht, Æneas .

HERR POSKET.

Ah! Lukyn !

AGATHA POSKET.

Nein – nein – du verstehst es nicht! Lukyn war im Jahr 1866 der Pate meines Jungen.

HERR POSKET.

1866?

CIS.

1886?

CIS UND MR. POSKET.

[*Gemeinsam, schnell auf ihre Finger rechnend.*] 1886.

Sssh! Zählen Sie nicht! Cis, geh weg! [*Zu* HERRN POSKET.] Als Sie mir im „Pantheon" in Spa einen Heiratsantrag machten, bemerkten Sie insbesondere: „Mrs. Farringdon, ich liebe dich *allein für dich selbst.* "

HERR POSKET.

Ich weiß, dass ich es getan habe.

AGATHA POSKET.

Das waren schreckliche Worte an eine Witwe mit einem neunzehnjährigen Sohn. [CIS *und* MR. POSKET *rechnen wieder schnell mit ihren Fingern.*] Zähle nicht, Æneas , zähle nicht! Diese Worte haben mich in Versuchung geführt. Ich warf einen Blick auf mein Gesicht in einem benachbarten Spiegel und sagte: „ Æneas ist fünfzig – warum sollte ich – eine bloße Frau – mit ihm in der Frage des Alters konkurrieren?" Er hat bereits den Vorteil – ich werde großzügig sein – ich werde ihn noch vergrößern!" Ich habe Ihnen weisgemacht, dass ich erst vor fünfzehn Jahren verheiratet war, ich habe Sie und meinen Jungen über sein wahres Alter getäuscht und Ihnen gesagt, ich sei erst einunddreißig.

HERR POSKET.

Es war nicht die Wahrheit?

AGATHA POSKET.

Ah! Mir fehlte lediglich der häufigste Fehler einer Frau: die Übertreibung.

HERR POSKET.

Aber – Lukyn ?

AGATHA POSKET.

Kennt die wahren Fakten. Ich ging gestern Abend zu ihm und bat ihn, eine Vereinbarung, die allen Beteiligten Glück gebracht hatte, nicht zu stören. Sehen. Anstelle eines eigensinnigen, problematischen Kindes präsentiere ich Ihnen jetzt einen Jugendlichen, der alt genug ist, um Ihnen Freude, Trost und Unterstützung zu bieten!

CIS.

Oh, ich sage, Mater, das ist ein schrecklicher Verkauf für einen Kerl.

AGATHA POSKET.

Gehen Sie in Ihr Zimmer, Sir.

CIS.

Ich dachte immer, mit mir stimmt etwas nicht. Gesegnet, wenn ich dem Alter nicht hinterherhinke!

[CIS *geht raus.*

AGATHA POSKET.

Vergib mir, Æneas . Schau dir meine Motorhaube an! Eine Nacht in der Mulberry Street, ohne auch nur eine Puderquaste, ist eine schreckliche Sühne.

HERR POSKET.

Agatha! Woher weiß ich, dass Cis morgen nicht fünfundzwanzig wird?

AGATHA POSKET.

Nein – nein – du weißt das Schlimmste, und solange ich lebe, werde ich dich nie wieder täuschen – außer in kleinen Dingen.

LUKYN *und* VALE *kommen herein.*

LUKYN .

[*Kochte vor Wut.*] Von George, Posket!

HERR POSKET.

Mein lieber Lukyn !

LUKYN .

Wissen Sie, dass ich ein verdammter Gefängnisvogel bin, Sir?

HERR POSKET.

Ein Unfall!

LUKYN .

Und wissen Sie, was mir im Gefängnis widerfahren ist – einem Soldaten, Sir – einem Offizier?

HERR POSKET.

NEIN!

LUKYN .

Ich wurde von den Behörden gewaschen.

HERR POSKET.

Lukyn , nein!

CHARLOTTE *ist eingetreten und eilt zu* VALE.

CHARLOTTE.

Horaz! Horaz! Nicht du auch?

TAL.

Bei Gott, Charlotte, ich wäre zuerst gestorben.

HERR BULLAMY *kommt schnell herein.*

HERR BULLAMY .

Herr Posket, ich werde ersticken, Sir! Inspektor Messiter ist unten und sagt, dass Isidore, der Kellner, schwört, dass Sie der Mann sind, der letzte Nacht aus der Meek Street geflohen ist.

LUKYN .

Was?

HERR BULLAMY .

Das ist ein öffentlicher Skandal, Sir!

LUKYN .

Ihr Spiel ist aus, Sir!

HERR BULLAMY .

Sie haben ein makelloses Polizeigericht befleckt!

LUKYN .

Und belehrte mich über Anstand und Anstand.

HERR POSKET.

Geschichte gehört haben, werden Sie Mitleid mit mir haben.

LUKYN UND MR. BULLAMY .

[*Ironisch lachend.*] Ha! Ha!

HERR POSKET.

Sie werden feststellen, dass Ihr alter Freund ein Mann, ein Märtyrer und ein Richter ist!

CIS *kommt herein und zieht* BEATIE *hinter sich her.*

CIS.

Komm schon, Beatie! Chef – Mater! Hier gibt's Neuigkeiten! Beatie und ich haben beschlossen, zu heiraten.

AGATHA POSKET.

Oh!

POPHAM *kommt mit Champagner und Gläsern herein.*

HERR POSKET.

Was ist das?

CIS.

Bellinger – '74 – extra trocken – um unsere Gesundheit und unser Glück zu trinken.

CHARLOTTE.

Sekt! Es könnte mein Leben retten!

AGATHA POSKET.

Miss Tomlinson, gehen Sie nach Hause!

HERR POSKET.

Stoppen! Cis Farringdon, mein lieber Junge, du bist jetzt erst neunzehn, aber gestern warst du erst vierzehn, also bist du ein heranwachsender Junge; An dem Tag, an dem du heiratest und nach Kanada aufreist, schenke ich dir tausend Pfund!

POPHAM.

[*Hält ihre Schürze vor die Augen.*] Oh!

CIS.

[BEATIE *umarmen* .] Hurra! Wir werden direkt heiraten.

AGATHA POSKET.

Er ist ein Kleinkind! Ich verbiete es!

HERR POSKET.

Ich bin sein Erziehungsberechtigter. Meine Herren, legen Sie Zeugnis ab! Ich stimme der Heirat dieses kleinen Kerls feierlich zu!

> [AGATHA POSKET *lässt sich auf einen*
> *Stuhl sinken.*

DAS ENDE.